U0113745

电商直播销售员

主　编　胡利鑫　唐红明　沈文莉

内蒙古科学技术出版社

图书在版编目（CIP）数据

电商直播销售员 / 胡利鑫，唐红明，沈文莉主编
.—赤峰：内蒙古科学技术出版社，2022.9
（乡村人才振兴·农民科学素质丛书）
ISBN 978-7-5380-3470-7

Ⅰ.①电… Ⅱ.①胡…②唐…③沈… Ⅲ.①电子
商务—网络营销 Ⅳ.① F713.365.2

中国版本图书馆 CIP 数据核字（2022）第 176954 号

电商直播销售员

主　　编：胡利鑫　唐红明　沈文莉
责任编辑：张继武
封面设计：光　旭
出版发行：内蒙古科学技术出版社
地　　址：赤峰市红山区哈达街南一段4号
网　　址：www.nm-kj.cn
邮购电话：0476-5888970
印　　刷：涿州汇美亿浓印刷有限公司
字　　数：156千
开　　本：710mm×1000mm 1/16
印　　张：8
版　　次：2022年9月第1版
印　　次：2022年11月第1次印刷
书　　号：ISBN 978-7-5380-3470-7
定　　价：32.50元

如出现印装质量问题，请与我社联系。电话：0476-5888926　5888917

《电商直播销售员》

编 委 会

主　编　胡利鑫　唐红明　沈文莉

副主编　（按姓氏笔画排序）

　　　　马艳茹　王彦庆　王富全　张晓旭

　　　　周　蕾　姚　祥

前 言
PREFACE

随着互联网技术的快速发展，电商直播销售目前已成为产品销售及品牌营销的主流形式之一。它集专业选品、商品直观展示、购物现场实时互动等优势于一体，缩短了商品交易的流通费用，节约了信息沟通成本，为用户带来了优质的购物体验。应市场发展和需要，产生了电商直播销售员这一新职业岗位。电商直播销售员的工作是：通过各类直播平台进行品牌宣传、产品营销等工作。电商直播销售员需要有健康的个人形象、专业的沟通技巧和营销推广技巧。

本书以培养电商直播销售人才为宗旨，通过理论知识与实践应用相结合的方法，详细介绍了电商直播销售相关理论知识，教会如何利用直播平台进行品牌宣传、产品营销，树立健康的电商直播销售员个人形象，同时讲述专业的沟通技巧和营销推广实操技能技巧。本书共设计了六大模块内容，分别是**认识电商直播、电商直播准备、直播选品、淘宝直播、抖音直播和拼多多直播**，希望广大读者通过学习这六个模块的内容，能够掌握直播销售从业人员在直播前、直播过程中和直播后的完整知识体系和主要实操技能技巧，从而具备进行直播销售的基本技能。

由于编者水平所限，加之时间仓促，书中不尽如人意之处在所难免，恳切希望广大读者和同行不吝指正。

编 者
2022年2月

目 录
CONTENTS

模块一　认识电商直播

　　随着传统流量红利的逐渐消失,以直播为表现形式的营销模式全面展开,直播与电商实现完美融合,产生了电商直播这一商业模式。随着平台端对直播的持续加码、用户直播购物习惯的逐渐养成,电商直播产业链的日渐成熟与完善,再加上5G技术的进一步普及和运用,电商直播将持续呈现爆发式的成长状态。

任务一　新零售时代的电商直播

近年来，电商直播作为一种新兴的网络零售形式，以持续增长的用户数量和迅速扩大的市场规模，为电商产业的持续发展和传统产业的电商化转型带来了新的机遇。据统计，我国有1500余家电商直播相关企业，近2.8万家网络直播营销相关企业，网络主播账号累计超过1.3亿。毫不夸张地说，现在已经进入人人都是网络主播的时代。

一、电商直播的概念

电商直播是指线下的实体商家卖家通过一些网络的直播平台来推销自己的产品，使客户在了解产品各项性能的同时来购买自己的商品。电商直播具有直观、快速、交互性强、内容丰富等推广优势。

电商直播平台，既包括在传统的电商平台开辟的直播区域，如京东直播、淘宝直播等，也包括抖音直播、快手直播、小红书直播、虎牙TV、斗鱼直播等娱乐型社交直播的平台。

相关法律人士表示，电商直播在法律上属于商业广告活动，主播根据具体行为还须承担"广告代言人""广告发布者"或"广告主"的责任。如果消费者买到假货，应首先联系销售者即商家承担法律责任，同时主播和电商直播平台也要承担相应的连带责任。

根据2019年发布的《国家广播电视总局办公厅关于加强"双11"期间网络视听电子商务直播节目和广告节目管理的通知》，网络视听电商直播节目和广告节目是网络视听节目服务的重要组成部分，节目内容既要遵守广告管理相关法律法规，也要符合网络视听节目管理相关规定。

二、电商直播的发展现状及趋势

（一）电商直播的发展现状

目前，中国电商直播行业发展现状可以概括为三大特性：高成长性、生态化、多元化。

1.高成长性

2019年，电商直播整体成交额达4512.9亿元，同比增长200.4%，仅占网购整体规模的4.5%，成长空间较大，估计会保持较高的增长态势。随着内容平台与电商交易的融合程度不断加深，预计2022年直播带货的渗透率可以增长到20.3%，电商直播将逐渐从"粗放式业态渗透"向"稳定商业链路"转化，同时，流量重心向服务中心的转移，也是电商直播渗透率持续提升的核心驱动之一。

2.生态化

发展到现在，电商直播业已经发展成了一个非常完整的生态，有可靠的供应链，有专门的直播服务商，且出现了大量的传统电商平台功能升级和新生电商直播平台崛起的情况。

3.多元化

这里说的多元化指的是"人、货、场、渠道"的多元化。

人：以主播主题划分，可分为商家自播和达人直播。前者以购物平台为主，主播多为店铺或品牌商自有员工，优势是成本低，直播场次多，劣势是流量窄，专业度不高；达人直播是达人在直播间汇聚售卖各种产品，优劣势与商家自播基本相反。

货：早期的电商直播以穿搭和美妆为主，然而，现在以及未来趋势更是多元化。

场：最常见的直播场景为直播间，随着市场认知度的提高，衍生到实体店铺及原产地（例如农场）。

渠道：①以人为主导的流量平台，随着商品链接导向自建电商直播系统或第三方交易平台；②以货为主导的交易平台，在平台上镶嵌直播功能。目前两者彼此渗透。

（二）电商直播的发展趋势

直播＋电商模式为一种新的推销手段，直播为工具，电商为基础。通过直播为电商带来流量，从而达到为电商销售的目的。2015年，直播在我国兴起，并呈现快速发展态势,到 2019 年电商直播已经成为电商发展的主流,随着 5G 商用的快速布局,网速越来越快,流量越来越便宜,除给电商直播的发展提供技术保障外,也将深刻影响其他产业的电商化发展转型。

从信息对称、购物体验感以及社交属性三个维度来看,直播电商较传统电商,在客户消费者吸引力方面更胜一筹。主要是由于直播电商的模式是主播通过视频的形式对产品进行讲解以及示范,让消费者全面地了解到产品或服务,其维度较传统电商更加丰富,能够消除消费者在信息不对称的情况下存在的疑虑,见表 1-1 所示。

表 1-1　传统电商与直播电商对比分析情况

对比内容	传统电商	直播电商
信息是否对称	传统电商模式仅仅依靠图片和文字,但不乏有些文字信息含有虚假成分,而图片往往经过修图处理,比实物更美观,容易对消费者进行误导	直播电商是通过视频让消费者能更全面地了解产品或对消费者进行服务,其维度较为丰富,所看即所得
购物体验感	由于信息不全面,消费者则需要更全面地了解产品才能做出消费决策,这对消费者的购物体验而言会有所下降	主播们讲解示范、回答问题,直播解决了"讲解"这个导购问题,提供与线下商场导购员相同服务,让消费者快速了解并接受产品
是否包含社交属性	缺乏社交行为,人们足不出户可以买到许多东西,但却少了跟亲朋好友聚会逛街的机会	可以即时互动,问主播问题,并和直播的人一起通过弹幕等方式交流,一起购物

与传统电商相比,直播电商提供实时、多媒体形式的商品展示,为用户带来了更丰富、直接、实时的购物体验,拥有强互动性、强专业性与高转化率等优势。能够通过更紧密的互动与用户建立起难得的更为长久的"信任感",更好地输出品牌价值,真正实现"品效合一"。未来,随着 5G、6G 网络的普及,直播电商发展空间将会更大。

直播市场的不断扩大将进一步倒逼生产企业进行供应链改造。生产企业需要建立快速、超柔性的生产线,即非现货的商品在直播间成交后,信息能够即时反馈给生产商,生产商以最快的速度完成生产后将商品送达消费者手中。

在可以预见的未来,电商直播对消费市场乃至社会生活都将产生巨大影响,电商直播无疑将成为所有企业的标配,成为一种主流营销模式,而电商直播专项技能也将成为商家必备的职业技能。

任务二 直播的特点

网上直播就是利用网络宽带资源，将视频实时发送到直播平台服务器，然后通过直播平台供大众观看。观众只要登录直播平台就能观看网络直播。

网络直播改变了原先媒体的传播形式，让节目播放变得有交互性、实时性。

一、实时发布

相比于其他的传播媒介，网络直播有着实时性的特点。网络直播会使用各种各样的工具辅助直播，让观众在观看的时候受到的气氛影响比一般的节目更为强烈。而且网络直播都是在现场实时同步的，网络直播的实时发布让主播和观众的距离缩小，使得观众的注意力更加集中，对直播时的方方面面都具有新鲜感和临场感，进而产生强烈的参与意识。

二、实时互动

网络直播真正实现了实时互动。网络主播跟视频主持人不同，在进行节目直播的时候特别强调与观众之间的互动。在传统的大众传播中，传播模式一般都是单向传播，没有互动性，而网络直播的出现，打破了时空的界限，使得线上多人现场互动成为可能。而且随着科技的发展，现在还有 VR 和 AR 等新技术的加入，直播互动将会更有参与感，其提供的是更具有个性、更加平等的新的传播方式。

三、个性十足

网络直播更加突出主播的个性及与观众互动时的个性，而许多个性不同的观众也可以成为不同话题的发起人。随着社会的进步，人们对精神文化的消费要求越来越高,加上网络娱乐的普及,网络直播带来了直接有效的传播方式,满足了人们对个性化的需求。

四、保证体验

信息的多级传播必定会造成信息内容的损耗。人们在接受信息的时候,如果信息的转播次数过多,那么人们就会质疑信息内容的真实性。因为在传播的过程中信息极易被损耗甚至被改变,那么信息的可信度也就很差。如果信息的传播层次较少,那么信息的可信度也就越高。

网络直播,可以让用户与现场进行实时连接,有着真实、直接的用户体验。用户可以在直播中与平日接触不到的名人互动,看到名人生活中相对真实的一面;也可以与陌生人互动,打破网络隐匿性特点,相较于文字、图片等形式,直播视频的修饰难度增强,公开性大幅提高,也更加真实。

五、门槛低

直观性强,互动性强,直播内容发布门槛低,任何人都可以直播,成为内容的生产者,增加传播互动性。

六、接地气

接地气,字面意义上来说就是接通底层,就是接触平民百姓的生活,知道百姓需要的,习惯大众的生活方式等。

以前人们在电视上看到的一般是明星大腕,似乎跟普通群众相距甚远,毫无交集。直到如今网络发展迅速,各大直播平台层出不穷,各类主播进入了我们的视线当中,其中许多主播以前也都是默默无名的老百姓,这就是人们口中俗称的"草根主播"。

任务三　直播带货运作流程

一、直播电商产业链解析

经过不断的发展,直播电商涉及的早已不单单是买方与卖方之间的交易,除主播、平台渠道方之外,供应链方、MCN 机构、直播代运营服务商等各类新的角色纷纷入局,直播电商的产业生态不断完善。

在产业链中,各个角色之间相互配合、相互合作,共同推动直播电商向着更加成熟、规范化的方向发展。直播电商运作流程如图所示。

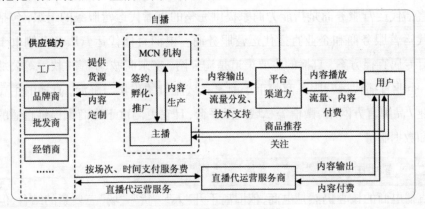

1.供应链方

供应链方为 MCN 机构、主播、直播电商平台供应商品，并提供仓储、物流、商品售后等服务。

2.MCN机构

在直播电商产业链中，MCN 机构兼具主播经纪、内容生产、活动运营、供应链运营等多重角色。为主播提供经纪服务，包括技能培训、内容创作指导、流量曝光等服务。为供应链方提供直播服务，输出定制化直播内容，帮助其实现商品转化。对于平台渠道方来说，MCN 机构以机构团体的形式入驻平台，帮助平台管理分散的个人主播，并输出直播内容，吸引流量。

3.主播

主播连接着供给端和需求端。在供给端，主播为供应链方输出直播内容，帮助其吸引流量，销售商品；在需求端，主播通过直播输出内容，向用户分享商品。

4.平台渠道方

在直播电商产业链中，平台渠道方主要负责搭建直播渠道，并制定相关规则，维护直播秩序。按照主营业务属性划分，平台渠道方分为电商平台和内容平台。

电商平台包括淘宝网、京东商城、拼多多等传统电商平台，它们积极搭建直播生态，进行内容化，从而为平台吸引流量，为用户提供体验感更好的购物方式，增强用户黏性。

内容平台是指蘑菇街、小红书、抖音、快手等以分享图文、短视频等内容为主的平台。为了丰富平台变现渠道，内容平台逐步寻求电商化，通过自建电商产业链拓展自身与商家和供应链的合作，从而形成完整的电商产业链，让用户可以在平台内直接购买商品，为达人创造更便利的流量变现方法。

5.直播代运营服务商

直播代运营服务商是指能为商家提供完整的直播代运营服务的组织,包括电商直播代运营服务商和企业直播代运营服务商。电商直播代运营服务商侧重于为商家制订专属直播方案,直播的主要渠道是淘宝网、京东商城、抖音、快手等公域流量平台;企业直播代运营服务商侧重于商家私域流量的积累与沉淀,直播的主要渠道是企业/品牌官方网站、微信等私域流量平台,且它更侧重于为商家提供直播的硬件支持和数据服务。

二、直播电商的"人""货""场"要素

直播电商的核心仍然是电商,依旧离不开"人""货""场"三要素的结合,但是直播电商升级了"人""货""场"的关系,提升了电商用户的购物体验。

1.人

直播电商中新增加了主播的角色,而主播成为连接商品与用户的桥梁。主播凭借独特的个人魅力吸引粉丝,积累私域流量,然后结合专业的销售能力,将积累的粉丝转变为具有购买力的消费者,从而实现流量变现。

2.货

随着直播电商的迅猛发展,直播电商涉及的商品品类不断丰富,涵盖快消品(食品、农产品)、美妆、服饰、汽车、珠宝、3C商品(3C商品是计算机类、通信类和消费类电子商品三者的统称,也称"信息家电",例如计算机、平板电脑、手机或数字音频播放器等)、房产等多个品类,其中复购率高、客单价低、利润率高的品类在直播电商中更为受益。

3.场

(1)直播电商购物场景的优势:直播电商的购物场景既具有传统电商购买方便、比价方便的特点,又具备线下购物体验感强、用户能与商品销售者进行实时互动的特点,是对购物场景的进一步升级。具有良好的体验感,可节约用户出行成本,具有价格优势。

(2)直播电商直播场景的多元化:为了抓住直播电商的红利,各平台不断降低用户开通直播的门槛,再加上各类政策的支持,以及直播电商生态链的日渐完善和成熟,越来越多的商家开始在更多的时间段和更多的场景下展示商品,直播电商的直播场景越来越丰富、多元。

①搭景直播:是指商家或达人主播选择合适的场地,并搭建直播间进行直播。

②实体店直播:是指主播在线下实体门店里进行直播,实体门店就是直播间,这

样商家无须专门选场地搭建直播间,能够节约一定的成本,还能在销售商品的同时为线下门店导流。

③产地直播:是指主播在商品的原产地、生产车间等场地进行直播,向用户展示商品真实的生产环境、生产过程等场景,从而吸引用户购买。食品、农产品、生鲜类等商品比较适合产地直播,能让用户直面商品的产地,增强用户对商品的信任感。

④供应链基地直播:是指主播到供应链基地进行直播。供应链基地通常用于其自身旗下的主播开展直播,或者租给外界主播、商家进行直播。

三、直播电商合作及收益分配模式

1.直播电商的合作模式

从商家与主播的合作模式来看,直播电商的合作模式分为专场包场和整合拼场两种模式。

2.直播电商的收益分配模式

直播电商的收益分配模式主要有两种,即纯佣金模式和"佣金 + 坑位费"模式。

（1）纯佣金模式:

纯佣金模式是指商家根据直播商品的最终销售额,按照事先约定好的分成比例向主播支付佣金。例如,主播为商家在直播中卖出了 100 万元的商品,事先约定的佣金比例为 20%,那么商家需要向主播支付 20 万元的佣金。

在直播行业中,由于主播的级别不同,直播的商品不同,佣金比例也会有所不同。

（2）"佣金 + 坑位费"模式:

"佣金 + 坑位费"模式是指商家不仅需要根据商品的最终销售额按照约定好的分成比例向主播支付相应的佣金,还要向主播支付固定的坑位费。

商家的商品要想出现在主播的直播间中,需要向主播支付一定的商品上架费,这就是所谓的坑位费。坑位费只是保证商家的商品能够出现在主播的直播间中,至于最终商品能不能卖出去,能卖多少,主播都是不负责的。

坑位费会根据商品出现的顺序和主播级别的不同而有所不同。如果是整合拼场直播,同一场直播中会出现多个商家的商品,那么主播通常会按照商品在直播间中出现的顺序收取不同的坑位费。一般来说,商品出现的顺序越靠前,坑位费越高。

四、直播电商平台的类型

在直播电商生态中,直播电商平台主要分为四类,即传统电商平台、娱乐内容平台、导购社区平台和社交平台,这四类平台在直播电商领域具有不同的表现。

1.传统电商平台

传统电商平台指具备直播功能的第三方电商平台,如淘宝网、京东商城、拼多多等。这类平台借助直播吸引流量,从而获得更多的用户,提高用户对平台的黏性。

2.娱乐内容平台

娱乐内容平台是指为用户提供娱乐内容的平台,如抖音、快手等。此类平台具有流量优势,通过直播来销售商品是此类平台实现流量变现的重要方式之一。

3.导购社区平台

导购社区平台是指以商品导购为主要内容的平台。在导购社区平台上,购物达人向用户分享好用的商品,进行"种草",然后用户购买商品,实现"拔草",购物达人与用户之间具有良好的互动关系。在此基础上,购物达人借助互动性强的直播可以加深与用户之间的互动,巩固电商业务。

4.社交平台

社交平台是互联网上基于用户关系的内容生产与交换平台,是人们用来沟通感情,分享意见、见解、经验和观点的工具。在直播火爆发展的形势下,微信、微博等社交平台也上线了直播功能,丰富了平台中的内容表现形式。

模块二　电商直播准备

随着电商直播的火爆发展,越来越多的商家和个人开始通过直播来销售商品,但是直播从来就不是一件简单的事情,它涉及直播运营团队的组建、直播间的搭建、直播流程规划、直播控场策略等多个方面,商家和个人要想做好一场直播,必须培养直播能力,掌握策划与开通直播的技能。

任务一　直播的基本步骤

在开展直播之前，直播运营团队需要对直播的整体流程进行规划和设计，以保障直播能够顺畅进行，确保直播的有效性。

一、明确直播目标

在直播之前，商家要明确直播目标，确认直播是为了做品牌宣传，进行活动造势，还是为了销售商品。

在明确直播目标时商家需要遵守 SMART 原则，尽量让目标科学化、明确化、规范化。SMART 原则的具体内容如下。

1.具体性（Specific）

具体性是指要用具体的语言清楚地说明直播要达成的行为标准，直播的目标要切中特定的指标，不能笼统、不清晰。

2.可衡量性（Measurable）

可衡量性是指直播目标如果是数量化的或行为化的，应该有一组明确的数据作为衡量目标是否达成的标准。

3.可实现性（Attainable）

可实现性是指目标要客观，通过付出努力是可以实现的。例如，商家开展的上一场直播吸引了 10 万人观看，于是商家将此次直播的观看人数设定为 200 万，显然这个目标不切实际，难以实现，而将观看人数设定为 12 万或 15 万则有可能实现。

4.相关性（Relevant）

相关性是指直播的目标要与商家设定的其他营销目标相关。例如，很多商家会在电商平台运营网店，商家将某次直播的目标设定为"网店 24 小时内的订单转化率提升80%"，这个目标是符合相关性要求的；而如果商家将某次直播的目标设定为"将商品的生产合格率由 91% 提升至 96%"，则这个目标是不符合相关性要求的，因为直播无法帮助商品生产方提升合格率。

5.时限性（Time-bound）

时限性是指目标的达成要有时间限制，这样的目标才有督促作用，才能避免目标的实现被拖延。例如，"借助直播让新品销量突破 10 万件"这个目标是缺乏时限性的，而"直播结束后 24 小时内新品销量突破 10 万件"这个目标则是符合时限性要求的。

二、做好直播宣传规划

为了收到良好的直播效果，在直播活动开始之前，直播运营团队需要对直播活动进行宣传。与泛娱乐类直播不同，带有营销性质的电商直播追求的并不是简单的"在线观看人数"，而是"在线目标用户观看人数"。具体来说，直播运营团队设计直播宣传规划时，可以从以下三个方面来入手。

1.选择合适的宣传平台

不同的用户喜欢在不同的媒体平台上浏览信息，直播运营团队需要分析目标用户群体的上网行为习惯，选择在目标用户群体经常出现的平台发布直播宣传信息，为直播尽可能多地吸引目标用户。

2.选择合适的宣传形式

选择合适的宣传形式是指直播运营团队要选择符合宣传媒体平台特性的信息展现方式来推送宣传信息。例如，在微博平台上，直播运营团队可以采用"文字 + 图片"的形式或"文字 + 短视频"的形式来宣传直播活动；在微信群、微信朋友圈、微信公众号中，直播运营团队可以通过九宫格图、创意信息长图来宣传直播活动；在抖音、快手等平台上，直播运营团队可以通过短视频来宣传直播活动。

3.选择合适的宣传频率

在新媒体时代，用户在浏览信息时自主选择的余地较大，用户可以根据自己的喜好来选择自己需要的信息。因此，如果直播运营团队过于频繁地向用户发送直播活动宣传信息，很可能会引起他们的反感，导致用户屏蔽相关信息。为了避免这种情况的出现，直播运营团队可以在用户能够承受的最大宣传频率的基础上设计多轮宣传。

三、筹备直播

为了确保直播的顺利进行，在开始直播之前直播运营团队需要做好各项筹备工作，包括选择场地，筹备并调试设备，准备物料，以及主播自身准备等。

1.选择直播场地

直播的场地分为室外场地和室内场地。常见的室外场地有公园、商场、广场、景区、游乐场、商品生产基地等，常见的室内场地有店铺、办公室、咖啡馆、发布会场等。直播运营团队要根据直播活动的需要选择合适的直播场地，选定场地后要对场地进行适当的布置，为直播活动创造良好的直播环境。

2.筹备并调试直播设备

在直播筹备阶段，运营团队要将直播使用到的手机、摄像头、灯光、网络等直播设备调试好，防止设备发生故障，以免影响直播活动的顺利进行，如表2-1所示。

表2-1　直播设备的调试内容

设备的调试	说　明
机位的设置	在直播过程中，有时需要全景画面，有时需要近景画面，有时需要特写画面，为了保障画面的成像效果，直播运营团队需要设置多机位。一般来说，直播间设置的机位主要有以下3种： ①商品特写机位：以特写镜头展示商品细节 ②主播的中、远景机位：塑造商品的使用场景，让用户了解商品全貌，为用户营造代入感 ③主播的近景机位：拍摄主播的脸部、手部等位置，展示商品的使用过程
网络测试	测试网络的稳定性和网络传输速度
直播间测试	测试直播间的进入渠道、直播画面的清晰度、声音采集效果等
线缆的连接与归置	确保网线、电源线等各个设备的线缆正常连接，并将线缆归置好，以免给人员行动造成障碍

3.准备直播物料

直播之前，直播运营团队应该根据实际需要准备直播物料。直播物料包括商品样品、直播中需要用到的素材及辅助工具等，如表2-2所示。

表2-2　直播物料

直播物料	说　明
商品样品	在直播开始前，直播运营团队应该准备上播商品的样品，以便在直播过程中主播能够快速地找到并进行展示。直播运营团队要对商品样品进行仔细检查，包括样品的外观、型号和款式等
直播中需要用到的素材	直播封面图、直播标题、直播间贴片、直播脚本等
辅助工具	辅助工具包括线下商品照片、做趣味实验要用到的工具、道具板、手机、平板电脑、电子大屏、计算器等。在直播过程中，主播可以在道具板上用文字、图片的形式展示主播的身高、体重、商品的尺码、福利信息等；主播可以使用手机、平板电脑等向用户展示商品卖点、优惠券领取方式等，还可以使用计算器计算商品的组合价、折扣等，以突出商品的价格优势，刺激用户下单

4.主播自身准备

在开播前,主播需要熟悉直播流程和上播商品的详细信息,这样主播才能在直播中为用户详细地讲解商品,回答用户提出的各种问题。此外,主播还要调整好自身状态,以积极的态度和饱满的热情来迎接直播间的用户。

四、执行直播活动

做好直播前的一系列筹备工作后,接下来就是正式执行直播活动。直播活动的执行可以进一步拆解为直播开场、直播过程和直播收尾三个环节,各个环节的操作要点如表 2-3 所示。

表 2-3 直播活动执行环节的操作要点

执行环节	操作要点
直播开场	通过开场互动让用户了解本场直播的主题、内容等,让用户对本场直播产生兴趣,并停留在直播间
直播过程	借助营销话术、发红包、发优惠券、才艺表演等方式,进一步加深用户对本场直播的兴趣,让用户长时间停留在直播间,并产生购买行为
直播收尾	向用户表示感谢,预告下场直播的内容,并引导用户关注直播间,将普通用户转化为忠实用户;引导用户在其他媒体平台上分享本场直播或本场直播中推荐的商品

五、直播活动二次传播

直播结束并不意味着整个直播工作的结束。在直播结束后,直播运营团队可以将直播活动的视频进行二次加工,并在抖音、快手、微信、微博等平台上进行二次传播,最大限度地放大直播效果。

为了保证直播活动二次传播的有效性和目的性,直播运营团队可以按以下三个步骤来制订直播活动二次传播计划。

1.明确目标

制订直播活动二次传播计划,首先要明确实施传播计划要实现的目标,如提高品牌知名度、提高品牌美誉度、提高商品销量等。需要注意的是,直播活动二次传播计划要实现的目标并非是孤立的,而应当与商家制定的整体市场营销目标相匹配。

2.选择传播形式

明确传播目标以后,直播运营团队要选择合适的传播形式将直播活动的二次传播信息发布到网上。目前常见的传播形式有直播视频传播、直播软文传播两种,直播运营团队可以选择其中一种传播形式,也可以将两种传播形式组合起来使用。

（1）直播视频传播：直播活动二次传播视频的制作包括录制直播画面、直播画面浓缩摘要和直播片段截取三种方式。

①录制直播画面。直播运营团队可以将直播画面全程录制下来，用录制的文件来制作直播回放视频，错过实时观看直播的用户可以通过观看直播回放视频来获取直播内容。在制作直播回放视频时，可以为其添加上片头、片尾、名称、主要参与人员等信息，并为其设置统一的封面图，以增强直播回放视频的吸引力。

②直播画面浓缩摘要。直播画面浓缩摘要的制作逻辑与电视新闻的制作逻辑基本相同，即直播运营团队将直播画面录制下来后，删除那些没有价值的画面，选取关键的直播画面制作成视频，并为视频画面添加旁白或解说。

③直播片段截取。直播运营团队也可以从直播中截取有趣、温暖、有意义的片段，将其制作成视频发布到网上。

（2）直播软文传播：就是将直播活动的细节撰写成软文并发布在相关媒体平台上，用图文描述的形式向用户分享直播内容。直播运营团队撰写直播软文时，可以从分享行业资讯、观点提炼、分享主播经历、分享体验和分享直播心得等角度切入。

3.选择合适的媒体平台

确定了传播形式以后，直播运营团队要将制作好的信息发布到合适的媒体平台上。如果是视频形式的信息，可以选择发布到抖音、快手、秒拍、视频号、腾讯、爱奇艺、微博等平台上；如果是软文形式的信息，可以选择发布到微信公众号、知乎、百家号等平台上。

六、直播复盘总结

直播复盘就是直播运营团队在直播结束后对本次直播进行回顾，评判直播效果，总结直播经验教训，为后续的直播提供参考。

直播复盘总结包括直播数据分析和直播经验总结两个部分。直播数据分析主要是利用直播中形成的客观数据对直播进行复盘，体现的是直播的客观效果。例如，分析直播间累积观看人数、累积订单量和成交额、人均观看时长等数据。直播经验总结主要是从主观层面对直播过程进行分析与总结，分析的内容包括直播流程设计、团队协作效率、主播现场表现等，直播运营团队通过自我总结、团队讨论等方式对这些无法通过客观数据表现的内容进行分析，并将其整理成经验手册，为后续开展直播活动提供有效的参考。

任务二　直播运营团队的组建

在直播电商生态发展日臻成熟的环境下，主播或商家做直播仅靠个人单枪匹马、单打独斗已经很难突出重围，无论是个人还是商家，要想真正地做好直播电商，组建直播团队是非常必要的。

一、直播运营团队的人员配置

根据人员配置规模的不同，直播运营团队分为低配版团队、标配版团队和升级版团队。个人或商家可以根据自身运营能力、资金实力等情况组建不同规模的直播运营团队。

1.低配版团队

如果个人或商家的预算不高，那么可以组建低配版团队。根据工作职能，低配版团队需要至少设置1名主播和1名运营，其人员构成及职能分工如表2-4所示。

低配版的团队对运营要求比较高，运营必须是全能型人才，懂技术、会策划、能控场、懂商务、会销售、能运营，在直播过程中集运营、策划、场控、助理于一身，能够自如地转换角色，工作要游刃有余。设置1名主播的缺点在于团队无法实现连续直播，而且主播流失、生病等问题出现时会影响直播的正常进行。

表2-4　低配版团队人员构成及职能分工

人员构成	职能分工
主播（1人）	熟悉商品脚本，熟悉直播活动脚本，做好商品讲解，控制直播节奏，做好直播复盘
运营（1人）	分解直播营销任务，规划直播商品品类，规划直播商品上架顺序，规划直播商品陈列方式，分析直播数据
	策划直播间优惠活动，设计直播间用户分层规则和用户福利，策划直播平台排位赛直播活动，策划直播间引流方案
	撰写直播活动规划脚本，设计直播话术，搭建并设计直播间场景，筹备直播道具等
	调试直播设备和直播软件，保障直播视觉效果；上架商品链接；配合主播发放优惠券

2.标配版团队

标配版团队的核心岗位是主播，其他人员都围绕主播来工作。如果条件允许，还可以为主播配置助理，协助配合主播完成直播间的所有活动，这种团队配置的人数基本为4~5人。4人组成的标配版团队的人员构成及职能分工如表2-5所示。

表2-5　标配版团队人员构成及职能分工

人员构成	职能分工
主播（1人）	熟悉商品脚本，熟悉直播活动脚本，做好商品讲解，控制直播节奏，做好直播复盘
运营（1人）	分解直播营销任务，规划直播商品品类，规划直播商品上架顺序，规划直播商品陈列方式，分析直播数据
策划（1人）	策划直播间优惠活动，设计直播间用户分层规则和用户福利，策划直播平台排位赛直播活动，策划直播间引流方案
策划（1人）	撰写直播活动规划脚本，设计直播话术，搭建并设计直播间场景，筹备直播道具等
场控（1人）	调试直播设备和直播软件，保障直播视觉效果；上架商品链接；配合主播在后台发放优惠券

3.升级版团队

随着直播业务的不断扩大，以及资金方面的允许，商家可以适当扩大直播团队的规模，将其改造成升级版团队。升级版团队人员较多，且分工更细化，工作流程也更优化，其人员构成及职能分工如表2-6所示。

表2-6　升级版团队人员构成及职能分工

人员构成		职能分工
主播团队（3人）	主播	开播前熟悉直播流程、商品信息
		直播中介绍商品，介绍直播间福利，与用户互动
		直播后做好复盘，总结直播经验
	副播	协助主播介绍商品、介绍直播间福利活动
		试穿、试用商品
		主播离开时担任临时主播等
	助理	准备直播商品、道具等
		协助配合主播工作，做主播的模特，完成画外音互动等
策划（1人）		规划直播内容，确定直播主题
		准备直播商品
		做好直播前的预热宣传
		规划好开播时间段，做好直播间外部导流和内部用户留存等

人员构成	职能分工
编导 （1人）	撰写商品介绍、直播活动，关注直播间话术，控评话术脚本
	设计直播间场景，例如直播间背景、直播页面中的贴片等
	设计主播和副播的服饰、妆容，直播中使用的道具等
场控 （1人）	①做好直播设备如摄像头、灯光等相关直播软硬件的调试 ②负责好直播中控台的后台操作，包括直播推送、商品上架、优惠券发放，以及实时直播数据监测等 ③接收并传达指令，例如，若直播运营有需要传达的信息（如商品库存数量、哪些地区不能发货等），场控在接到信息后要传达给主播和副播，由他们告诉用户
运营 （2人）	①分解直播营销任务 ②规划直播商品品类，规划直播商品上架顺序 ③规划直播商品陈列方式 ④分析直播数据 ⑤做好直播推广引流 ⑥做好用户分层管理等
店长导购 （2人）	主要辅助主播介绍商品，强调商品卖点，同时协助主播与用户互动
拍摄剪辑 （1人）	负责视频（例如直播花絮、主播短视频，以及介绍商品相关信息的视频片段等）的拍摄与剪辑，辅助直播工作
客服 （2人）	①配合主播在线与用户进行互动答疑 ②修改商品价格、上线优惠链接，促进订单转化，解决发货、售后等问题

二、主播的工作内容及职业能力要求

主播是整场直播的"灵魂"，主播在直播中的表现在很大程度上决定了直播能否吸引用户的注意。

1.主播的工作内容

在直播带货中，主播的主要工作内容如表2-7所示。

表2-7 主播的主要工作内容

工作阶段	主要工作内容
直播前	①协助团队成员选品 ②提前了解品牌和商品信息 ③确认直播场地 ④确认直播中互动活动的时间和方式

工作阶段	主要工作内容
直播中	①详细讲解商品，试穿、试用商品 ②介绍直播间优惠活动，为用户发放福利 ③与用户进行互动，活跃直播氛围 ④回答用户提出的问题 ⑤引导观看直播的用户关注和分享直播间
直播后	①处理订单 ②与团队进行直播复盘 ③进行下一场直播的准备工作等

2.主播的职业能力要求

主播要想成功地直播带货，就必须具备直播带货必备的专业能力。主播的职业能力要求如表 2-8 所示。

表 2-8　主播的职业能力要求

主播职业能力	具体要求
人设塑造能力	能够塑造主播人设，创造具有自我特色的话术、直播风格等，以体现差异性，提高自己的辨识度
形象管理能力	①主播的穿着要整洁、得体，着装要以简洁、自然、大方为原则 ②直播妆容大方、自然
选品、议价能力	①能够根据自身人设特点、用户特点选择适合自己的直播商品 ②能与商品品牌方就商品价格、合作模式进行谈判，为用户争取最优惠的商品价格，提高直播商品对用户的吸引力
商品讲解能力	①具备良好的语言表达能力，讲解商品时发音准确，语速得当，具有感染力 ②深刻了解商品相关信息，清楚商品的卖点，能在直播中对商品进行详细的讲解和展示 ③能使用逻辑性强、具有技巧性的语言激发用户购买商品的欲望 ④要有一定的镜头感，知道怎样在镜头前展示出商品的最佳状态，彰显出商品的美观、美味等特征，让用户有下单购买的欲望
直播控场能力	①直播前要做好商品排序，根据直播营销效果随时调整商品上架顺序。单品上架时间一般为 10 分钟，效果不好可以立即切换商品，效果好可以适当延长上架时间 ②擅长营造直播氛围，知道在什么情况下活跃气氛，调动用户的积极性，如主动引导用户刷屏、点赞，当转粉率较低时积极引导用户关注直播间 ③灵活应对直播中遇到的突发状况，控制直播效果

续表

主播职业能力	具体要求
心理承受能力	要有强大的心理承受能力，面对用户负面、消极的声音时能够理智、冷静地应对。主播在经受各方面的压力与挫折时，要能快速调整自己的心态，善于疏导自己的心理，反省自我

三、副播的工作内容及职业能力要求

副播相当于主播的助手，其核心任务就是辅助主播进行直播，帮助主播更好地完成各项直播任务。

1.副播的工作内容

副播的工作较为烦琐、复杂。从直播开播前，副播就需要忙碌起来，一直忙碌到直播结束后，因此需要完成多项工作。副播的主要工作内容如表 2-9 所示。

表 2-9　副播的主要工作内容

工作阶段	主要工作内容
直播前	①协助团队成员选品 ②提前了解品牌和商品信息 ③确认直播场地 ④确认直播中互动活动的时间和方式 ⑤调试直播设备，进行直播测试 ⑥确认直播商品、辅助道具等物品全部到场等
直播中	①活跃直播气氛，帮助主播掌控直播节奏，如提醒主播直播活动时间点 ②充当主播的模特，试穿、试吃、试用商品 ③帮助主播补充遗漏的商品信息 ④根据活动策划，适时地使用计算器、秒表、道具板等道具辅助主播顺利地完成商品讲解 ⑤在场外通过画外音或文字的形式对主播提到的商品或优惠信息做出补充 ⑥向用户讲解领取优惠券的方式 ⑦认真回答直播间用户提出的问题，时刻提示用户关注直播间 ⑧主播离席时及时补位，维持直播间的热度 ⑨直播时出现声音、画面不正常时，及时检查维护等
直播后	①协助主播处理订单 ②与团队进行直播复盘 ③进行下一场直播的准备工作等

2.副播的职业能力要求

副播的职业能力要求有四个方面,如表 2-10 所示。

表 2-10　副播的职业能力要求

副播职业能力	要　求
广告传媒能力	①懂得如何吸引更多的用户,使直播间人气更高。如设计一张足够吸引人的直播封面图,策划一场有利于"吸粉"的直播活动等 ②善于运用微信、微博、抖音等各类媒体带助主播进行宣传,扩大主播的影响力
团队沟通协作能力	副播必须与主播保持紧密、良好的沟通,有时主播只用一个眼神或动作,副播就马上明白需要他如何反应,达到"心有灵犀"的默契程度
商品销售能力	了解直播商品的基本信息和卖点,例如,某款衣服最适合哪类人穿、受众是谁,并挖掘用户的需求点,提供解决用户需求的方案等
直播运营能力	了解直播平台的推荐机制和直播间的运营技巧,懂得如何提高直播间浮现权来尽可能多地获取自然流量,要深度掌握直播的技巧和需要注意的事项,从而获得更优质的商业流量

任务三　搭建直播场景

一、搭建直播场景应考虑的因素

(一)规划直播间面积和成本

对于直播间面积,要做好前期规划,要提前思考场地的具体使用安排,避免后期出现场地过大或过小等问题,导致直播效果不佳。穿搭类的直播间面积建议为15~20 平方米,美妆类直播间面积建议为 5~10 平方米。

直播间的硬装成本单价会因销售层次和场地面积大小有所浮动,一般建议将直播间的硬装成本控制在 500 元/平方米左右。

(二)确保稳定的网络环境

稳定的网络环境是直播必不可少的条件。要确保直播不卡顿,需选择上行速度4兆及以上的宽带(可通过 speedtest.net 或 beta.speedtest.net 网站检测上行宽带速度),具体可根据网络供应商情况选择。不管选择哪家供应商,最好采用独享带宽,避免使用共享带宽。

（三）选择适宜的直播设备

设备的性能对于直播效果有直接影响，新手主播采购设备时应本着实用、够用的原则，在力所能及的范围内购买合乎预期直播水准的设备，以达到较好的直播效果。

1.摄像头

目前，网红主播常用的直播设备是手机，所以在选择高清摄像头时，尽量考虑适配手机的品牌型号，摄像头的主要参数FPS（Frames Per Second，帧率）不低于30，就可以保证视频流畅，不出现卡顿；摄像头分辨率应达到1920像素×1080像素，也就是1500万像素，以保证视频的清晰度；摄像头视角一般在70°以上，这样整个镜头呈现感受更好。

对于没有视频拍摄经验的主播团队，建议选用智能手机进行拍摄，在条件允许的情况下也可选购专业的单反相机和摄像机。

2.麦克风

摄像头或手机上均内置麦克风，但收音效果一般，容易收入杂音，影响直播效果，因此，建议主播单独购买麦克风。麦克风的类型主要有动圈麦克风和电容麦克风两种。目前常用的是电容麦克风，这类麦克风有独立电源供给，有独立支架。一般售价在500元左右的电容麦克风就可以满足日常直播需要。

3.独立声卡

为了提升直播的声音效果，建议选用USB外置声卡，如外置声卡与手机不能兼容，还需要加购一个声卡转接器。

如主播选择使用台式计算机进行直播，建议购买一款内置声卡，价格更低，性价比更高。

4.麦克风支架

直播过程中，主播需要灵活地展示产品，为了确保麦克风的收音效果，最好使用支架辅助。悬臂式的麦克风支架使用方便，价格较低，主播可根据自己的预算选购。

5.防喷罩

使用麦克风说话时，经常会将气流喷到麦克风上，引起爆音，同时也会有杂音被收录，使用防喷罩可以有效避免以上问题。特别是选用了电容麦克风的主播，由于麦克风的灵敏度更高，爆音和杂音的问题更容易出现，使用防喷罩就能够有效解决这些问题。

6.LED环形补光灯

直播过程中,除了直播间固定光源,LED环形补光灯可以作为补充光源,改善主播形象,提升直播效果。在选用补光灯时应考虑以下因素。

(1)功率。选用补光灯,首先看LED贴片的数量,数量越多,亮度和功率就会越大,光线效果也会越好。

(2)色温。目前,市面上常用的补光灯以双色温为主,主播可以通过调节按钮进行调光,在不改变视频设置的情况下,不同的色温能给直播过程中的场景变化提供更多选择。

(3)显色指数。显色指数是指光源打在物体上所呈现出的颜色特性,显色指数越高,色彩还原度就会越高,画面的感官清晰度也会越高。一般显色指数达到92以上就可真实还原产品色彩。

(4)能否兼容多种配件。补光灯如果可以兼容多种配件,会进一步提升布置过程的便捷度。建议选用可固定化妆镜、手机、单反相机等多种配件的补光灯。

二、直播场景搭建技巧

直播场景包括房间软装、灯光布置、开播背景布置等,这些都需要符合直播主题。搭建时具体需要掌握以下技巧。

(一)选择直播软装

软装一般需要依据直播间场地大小来决定。需要注意的是,目前较为流行的简欧风或者白色主色调,由于会引起反光,影响直播效果,故不建议选用。

1.背景选择

背景可以使用墙纸或者窗帘。在选购的过程中,不要选择白色或者有反光面的墙纸,可选灰色,材质以绒面吸光为宜。

2.前景陈列

主播在直播时做好前景的产品陈列，可以凸显产品特征，吸引消费者关注。前景陈列要特别注意以下几点。

（1）陈列时不要让直播软件的功能键遮挡住产品或者提示牌，调整好合适的画面位置再开始直播。

（2）讲解产品时，要将产品完全打开，注意展示细节。

（3）前景陈列要从展示产品细节角度出发，特别是针对有不同SKU（Stock Keeping Unit，最小存货单元）的同一产品，要尽可能向消费者展示全部SKU，进而吸引消费者停留。

> **小提示**
>
> 新手主播预算有限，建议在装修过程中，仅将进入镜头的场景进行装修布置即可，以节约成本。

（二）场地空间规划

直播场地的空间使用需要提前规划，一般可以设置设备摆放区、货品陈列区和后台人员工作区三个区域。

1.设备摆放区

设备摆放区需根据设备大小和种类规划，以呈现最佳的直播画面效果为布置标准。确定主要设备的摆放位置后，可做好位置标记，便于下一次直播的开展。需要注意的是，空间布局和摆放位置确定后，不要轻易变动，以免设备重复调试，影响直播效率。

2.货品陈列区

整齐的货品陈列可以使直播间显得更有条理。货品陈列区应尽量靠近主播的活动区，便于主播取用、展示货品，但注意不要遮挡直播画面。如在穿搭类直播间，将家具、设备摆放进直播间之前，可提前规划好样品、装饰搭配物的摆放位置，除方便主播取用、展示货品外，也可避免直播场景内摆放杂乱。

3.后台人员工作区

直播中可能需要其他工作人员的配合，一般的带货直播后台需要安排一名助理和一名运营辅助直播人员，建议留出三分之一的场地作为其他工作人员的活动空间。

（三）环境灯光布置

合理的灯光布置有助于实现更好的视觉效果。即便是同样的直播设备，合理的灯光布置也可以让画面更加清晰。

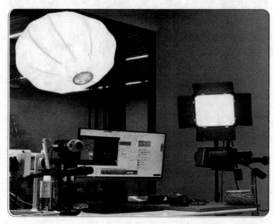

1.灯的装修布局技巧

装修直播间时一般需要考虑安装主灯和辅灯，具体数量视直播间大小确定。天花板尽量使用柔光来营造环境光，整个房间的灯光色温需要保持统一。

（1）环境光源：环境光源指的是直播间顶部安装的灯源，一般以每30厘米布置一根灯源的密度进行排列，环境光主要营造直播间的整体亮度，在密度合适的情况下，可以确保视频的清晰度。如果光线偏暗，即便使用高清摄像设备，也会导致画面模糊等情况。

购买灯管时，可以选择常见的长形LED灯管，这种灯管易安装，寿命长，成本低，光线比较柔和。

（2）主光源：主光源一般出现在摄像头后方，是直播时重点打亮产品和主播的光源。主光源设备可根据展示产品需要的环境氛围、主播的个人气质等因素进行选择。常用的主光源设备包括环形灯、LED灯和射灯，建议配备齐全。根据环境光源及产品的不同,可以放置不同数量的主光源设备,建议根据自身需求确定。

①环形灯。环形灯一般适配大多数的数码相机和手机,适用于特写人像和产品。将拍摄设备放置在灯圈的正中央,可以让照片曝光均匀,减少阴影。

② LED 可调节灯。LED 可调节灯散射度更高,补光面积更大,光更柔和,而且可以调节亮度和色温。灯的亮度有很多种,直播时多使用 125 瓦的 LED 可调节灯。

③射灯。射灯的作用在于为主播补光,一般装修时会将射灯对准主播台、地面和背景布等投射位置。通过不同层次和重点的打光,提升直播空间的立体感和直播中需要重点关注的人脸、产品等要素。

此外,在选择上述主光源设备时,应重点关注设备的色温标准。一般认为 6000 开以下的光为暖光,6000 开以上为冷光,5700 开为正白光,也就是日光。目前,市场上较常见的灯光色温标准主要有 3000 开、4000 开、5700 开三种。针对不同的产品类目,为了凸显产品的特色,装修时房间整体灯光布局应考虑使用不同色温,如表 2-11 所示。

表 2-11　不同类目的色温选择

色　温	适用类目	用于营造对应效果
3000 开暖白光	美食	一般用于营造家庭、酒店、咖啡馆等温馨环境
4000 开冷白光	服饰(民族风、田园风)、美妆(生活妆)、珠宝(蜜蜡等)、家居	一般用于营造温馨气氛
5700 开日光色	服饰(欧美极简、日系小清新等)、美妆(显色)、珠宝(翡翠、钻石等)	适用范围较广,基本都可运用

2.画面构图技巧

受限于直播间本身的格局和大小,直播的整体画面可能不如预期,这时可以运用一些简单的构图技巧来达到较好的直播间场景效果。

(1)景深设计:根据直播间的大小布局,运用合适的空间距离感营造舒适的画面感。

①小空间的景深。针对空间较小的直播间,可以运用墙角拉长景深,对角线可以让画面距离显得比实际长一些。

②背景陈列的景深。运用层次,如前景有地毯,中景有沙发,后景有货架,层层叠加,让人有更强的空间感。

③空间较大的直播间景深设计。在设置拍摄位置时可以在墙角放置一些海报、

展架等背景物，引导观众视线更近一点，使得视频画面可以更好地聚焦在主播身上，让消费者获得更舒适的视觉感受。

（2）构图比例设计：构图比例设计有助于在直播时把人、景、物合理地安排在画面中，可以更好地展示产品和主播，使屏幕前的消费者获得最佳的视觉效果。在搭建直播场景时，主播需要根据不同产品的特点来安排构图比例，并调整拍摄位置。

①常规构图法。一般美食、美妆类目直播画面的构图比例较为固定。美食类直播为了凸显食物本身，调动消费者食欲，通常采用居中构图、对角线构图等常见的摄影构图法。美妆类直播为了更好地展示主播的面部特点，通常采用汇聚点构图法和三分构图法等摄影构图法。

②主体移动的构图方法。服装类直播需要主播在走动过程中展示产品。为了保证画面效果，建议主播尽量在一个相对固定的范围内走动。这个范围不宜离镜头太远，也不宜离镜头太近，既要确保消费者能看清产品细节，有亲切感，也要避免给屏幕前的消费者以压迫感。最佳的画面效果是主播头顶上方留有一定空间，画面中可完整展现主播身上的服装产品。

> **小提示**
>
> 为了适应不同类目产品的直播，主播们特别是直播机构需要间隔出多个直播间，并装修为不同风格。多个直播间相连的情况下，需要做好隔音，避免直播过程中相互干扰。

任务四　短视频内容拍摄技巧

如今抖音、快手等短视频软件深受大众欢迎，不少用户被吸引并且成为短视频生产者中的一员。普通用户很少会用心研究短视频的拍摄技巧，但是想要通过短视频进行营销的内容生产者却必须要掌握这一项技能。正确掌握短视频内容的拍摄技巧，有助于快速"涨粉"，对营销能够起到一定的推动作用。

对于初创团队而言，使用手机拍摄短视频可以说是家常便饭。手机拍摄便捷性高，分享方便，拍摄清晰度也获得了不小的提升，自然能够成为资金紧张的初创团队的最佳选择。但是手机毕竟还不是专业的拍摄设备，短视频团队想要获得更高的关注度，还是需要呈现出更专业化的效果才能吸引到用户。因此，在此给大家带来用手机拍出更好画质的四点设置技巧，能够在一定程度上提升手机的拍摄效果。

一、设置高分辨率

如今的手机已经能够提供多种分辨率，在拍摄短视频之前，可以将分辨率设置到最佳的拍摄效果。由于目前手机拍摄的一大短板是传感器尺寸问题，因此选择设置最高分辨率通常能够获得较为清晰的视频画质。如果没有注意到分辨率的设置，那么极有可能拍摄出"假"清晰视频，这种视频在手机上观看的时候可能问题不大，但是一旦上传到视频平台中后，清晰度及使用价值可能会大大降低。

另外，在后期的视频处理中也需要提前设置分辨率，要么选择最高分辨率，要么选择不调整分辨率大小，以此来保证视频的清晰程度。

二、精准聚焦

在拍摄短视频时不用追求速度，因此不要在还未对焦时便点击开始，这样会导致拍摄出来的视频主体有模糊的情况出现。正确的设置拍摄方式应该是使用手指点击手机屏幕，将焦点对准演员或者产品等主体，完成对焦后再开始拍摄，以此来保证短视频画面质量。另外，如果不是刻意为之，摄影师在拍摄之前可以关掉自动追焦的功能，自行寻找对焦点，避免出现再次对焦造成视频画面不流畅的现象。

三、选择"专业拍摄模式"

不少手机为了迎合用户，提供了"专业拍摄模式"。这种模式在感光度、光圈等方面都能够根据环境进行自动调整，即便处于更复杂的拍摄环境，也能够应付自如。除此之外，遇到特定的场景还能选择特定的拍摄模式，比如"美肤模式""动态模式""夜景模式"等，操作起来相当简单，同时还能够获得相对较好的画面质量。

四、保持原有尺寸

许多人在拍摄时为了寻找更佳的画面而选择放大拍摄，但手机镜头通常都是广角的、定焦的，因此放大拍摄将会导致数码变焦，视频画面会变得模糊，尤其是在原有尺寸比例之下查看则更为明显。因此要保持原有尺寸。

手机作为短视频用户拍摄的常用设备之一，在拍摄之前只要根据以上四点要素进行设置，普通用户也能拍摄出画面清晰精致的短视频。

分镜头是短视频拍摄制作的一项重要环节，可分为拍摄前准备、拍摄中以及后期处理。在开拍之前，团队需要设计好需要拍摄的画面剧情、内容，并且计划好拍摄的角度、手法等，让短视频能够展现出拍摄时的气氛以及视频张力。

许多拍摄者在拍摄过程会感到茫然，这正是由于没有剧情以及画面，无法使用镜头将故事画面尽情展示出来，因此盲目拍摄一些镜头之后，导致最后的短视频内容是拼接而成，缺乏流畅性。

因此，为了使内容更加流畅，在拍摄过程中，利用分镜头让每个镜头都能衔接起来，前期的分镜规划必不可少，甚至可以说是拍摄过程变得更加顺畅的基本前提。只要规划内容无误，通常都能拍摄出较为流畅的短视频内容。当然，在真正的拍摄过程中，也有可能会出现变化，比如天气变化、演员即兴发挥或者阻滞。为了不影响整体结构以及镜头之间的衔接，团队应当想好备用方案。

另外，分镜头还需要经过后期的编辑，让短视频呈现出更为流畅的效果。为了能够保证后期的编辑内容足够，拍摄过程中的分镜头应当比原本设计的画面长度要长一些，这便需要推、拉、摇、移等运动镜头的综合使用。

在后期的分镜头编辑中，虽然需要选取能够鲜明地表达短视频的内容，但还是需要符合整体结构安排，并且进行适当的剪裁和处理，以此来保证短视频的流畅程度。

五、拍摄技巧

短视频拍摄的好坏最根本原因在于拍摄手法上，再加上综合运用其他技法可创作出优质内容。

（一）景别

景别主要是由两个因素决定：一是拍摄者与被摄体的角度和距离；二是焦距不同也会造成景别的变化。镜头不同距离产生的图像效果称为景别。

远景

各景别表现

各景别表现出的画面效果和表现出的情感也会不同，因此在影视剧中，会交错地融合各景别，来表现各景中人物情感和情景气氛。

（二）运镜

运镜就是镜头的运动和移动。主要包含以下几种运镜。

推运镜：推镜头是从较大的场景逐渐转换为局部特写的场景，被摄主体从小变大。

推运镜

拉运镜：拉镜头的运动方向与推镜头相反，被摄主体从特写逐渐拉开成远景，一般用来交代被摄主体所处的环境，也常用于视频结尾。

拉运镜

跟随运镜：就是镜头跟随被摄主体移动，我们可以从人物正反方向进行跟随拍摄，但是要确保与拍摄主体保持相同的移动速度，同时也要注意脚下的安全。

跟随运镜

俯视、升降运镜：俯视镜头是镜头处于低处慢慢移动到高处，比如把拍摄地面的镜头慢慢向上倾斜，直至拍摄到被摄主体的全景，这样的镜头可以展现被摄主体的高大。升降镜头是一种特殊的拍摄方式，需要结合稳定器／延长杆来进行拍摄。随着镜头的高度变化，所呈现的画面也是极具视觉冲击力，给人一种新奇而深刻的感受。

俯视、升降运镜

（三）构图

摄影构图与绘画构图有其相同之处，有些是可以相互借鉴的，但不能完全代替，每一种艺术形式都有它独特的规律和原理，这是不能违背的。对于从事艺术创作活动的人，只有在他对所从事的那个艺术规律掌握得娴熟的时候，才能在创作实践中纵横驰骋不"逾矩"。

九宫格构图　　　　　　　　　对称式构图

中心构图　　　　　　　　　对角线构图

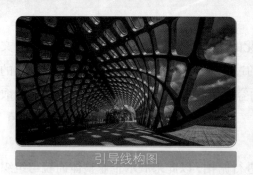

引导线构图

极简构图

任务五 短视频制作与剪辑

一、短视频在直播中的应用

短视频即短片视频，是一种新兴的互联网内容传播方式，一般是指在互联网新媒体上传播的时长在5分钟以内的视频。随着移动终端的普及和网络提速，短视频以短、平、快的大流量传播方式快速获得了各大主流直播平台的青睐，各类直播软件纷纷接入短视频功能。

短视频内容题材更加丰富，用户的留存性更强，直播和短视频相辅相成，能够为用户提供更多更直观的内容，带来更好的使用体验，"短视频+直播"模式由此迅速兴起。数据显示，直播前的引流短视频能够为自媒体吸引更多的流量与人气，有一定福利介绍的短视频引流效果更好。

二、短视频内容拍摄与剪辑

就营销定位而言，目前直播平台的短视频内容主要分为营销品牌、营销产品、推广销售渠道和网红达人四类。直播平台的短视频拍摄需要严格把握吸引力、表现力和结合度三个核心要素，即短视频要有一定的亮点和吸引力，要么有趣要么别致，能够吸引观众的眼球，达到营销和推广目的。短视频在展现具体内容的过程中要强化形式上的表现力，通过多维度的展示来体现产品、渠道或人物的魅力。短视频内容还应与产品、渠道或人物的独特属性充分结合，不能单纯依靠华而不实的画面来吸引客户。

（一）营销品牌短视频

营销品牌短视频就是通过展现包括企业产品、文化、形象等在内的综合性信息，提升品牌本身在客户心中的价值认可的视频作品。在此以抖音直播平台中某科技公司营销品牌短视频为例。

1.内容策划

某科技公司拍摄了有关公司企业文化的品牌短视频,视频展示了独特的企业文化。需要注意的是,在拍摄品牌短视频的过程中应明确品牌核心价值与倡导文化的核心要素,选取相关关键词进行可视化内容设计,如万众一心的企业文化,可以选取企业员工的集会画面。

2.视频拍摄

拍摄开场画面时,可先用移动镜头进行俯拍,以此来展示企业整体面貌与组织规模,这里应拍摄具有代表性的企业建筑物。而后具体展示其特定生产场景,采用低视角,在斜 45° 方向拍摄,画面的延伸焦点会使其更具立体感,画面上方要留出些许空间以产生天空与主体的透视效果。

经过两到三组的成角仰拍后,下一步应拍摄企业地标、文化墙等近景素材。在完成外景拍摄之后,就要展示企业内部精神力量的相关内容,如员工团队、企业文化等,拍摄要遵循循序渐进、由远及近的顺序进行画面调度。例如,拍摄员工团队时应先展示团队整体精神面貌,而后展现优秀员工的具体表现或业绩等,最后回归到企业文化与精神,进一步点题,拍摄主体既可以是企业代表人物,也可以是企业的知名产品。

3.视频剪辑

营销品牌短视频建议遵循由大到小、由慢到快、由远及近、由概念到实景的剪辑逻辑,同时注重旁白的使用,将一些不可见的数据内容通过听觉呈现。

开篇俯拍镜头应注意放缓剪辑节奏,为后面精彩内容留有节奏上的上升空间。而后具体建筑剪辑要提升节奏,同时融入人声介绍,提升权威感与期待感。随后人与具体物体拍摄是整段视频的高潮,这时画面之间拼接的节奏要加快,若有音乐搭配,此时应达到激昂高潮部分,画面拼接要遵循动静结合的剪辑处理方式,即静止画面与运动画面交叉剪辑,以保证视频内容丰富多样。收尾部分应回归企业文化主体,通过展示企业核心文化的具体物象进行缓慢收尾,抵消高潮部分产生的影响,让观众以平和的心态回味之前的视频内容。

(二)营销产品短视频

营销产品短视频就是通过有针对性地展现产品的特点、优点,提升产品吸引力,进而促进客户购买欲望的视频作品。在此以淘宝直播平台中某补水化妆品营销短视频为例。

1.内容策划

为了更好地凸显自身产品的特点和优点,可通过化妆品使用前后的比较来展现产品吸引力。在内容策划阶段需要首先对产品的竞争优势进行分析提炼，如某补水化妆品提取了仙人掌精华作为锁水核心技术，相对于其他补水化妆品具有技术上的优势，然后围绕这一优势设计剧情，如对比两位女性在使用了该产品与其他产品后锁水效果的不同（随着时间的推移，一位面部越来越干燥，而另一位面部依然水润），辅以具体的视觉画面呈现。

2.视频拍摄

视频开篇可以采用某个话题引入。如两位女性在讨论皮肤补水问题，其中一位说自己用了某补水化妆品，效果很好，而另一位表示自己不知道这款产品。拍摄场景可以选择女生房间、化妆间等场所。然后，对两位女性分别进行面部冷暖色调特写拍摄，达到对比效果。

小技巧

冷暖色调拍摄运用

暖色调通常给人以温暖、温馨的感觉，其画面多由红色、黄色、橙色等色彩组成。我们在拍摄风光、人像、静物等题材的作品时，都可以使用暖色调来表现。比如：太阳落山时就是暖色调画面，往往会给人们带来温暖的感受。

冷色调的画面通常给人以清冷、安静的感觉，其画面多是由蓝色、青色、紫色等色彩组成的。比如：蓝色的天空和生长着绿色植物的水面相搭配，形成冷色调画面，给人宁静、清新之感。

接着，通过使用了某补水化妆品的女性旁白，引出产品拍摄。产品拍摄以特写描绘为佳，特写的距离为 15 ~ 30 厘米，可以拍一些产品的棱角细节，也可以拍产品的全貌。为方便观众对于产品的外部轮廓有大致了解，可以拍摄两个静止画面，然后再加上一个运动画面。将产品放置在固定位置，用摄像设备拍摄其整体轮廓，这时注意保持前景与背景的干净、整洁，例如桌子场景中，桌子后方要保持干净、整洁，不要放置过多杂物。拍摄了两个静止画面之后，即可拍摄物体移动的镜头，比如从左到右、从上到下的运动镜头，使内容更加丰富。

3.视频剪辑

剪辑的思路遵循前期策划的剧情逻辑。在手机剪映软件 App 或者电脑剪辑软件里对画面进行逻辑排序，剪辑时要注重节奏点的把控，在对比两款产品的时间点运用快节奏的视音频剪辑，使得这一段内容在整体上被推到最高潮，产品宣传效果最大化。这类视频对话和旁白较多，剪辑时要特别注意声画同步，还可以加入适当的音乐进行辅助，烘托整体气氛。

（三）推广销售渠道短视频

推广销售渠道短视频是指通过展现商家独有或具有某方面优势的供货和销售渠道，来提升客户信任感和购买意愿的视频作品。在此以抖音直播平台的2~9元小商品进货渠道短视频为例。

1.内容策划

2~9元小商品的营销短视频目的在于宣传本产品价格低廉的进货渠道，不针对某款或某类产品，而是以价格优势作为营销的卖点。针对这类视频建议将稳定的供货渠道和低价高质的产品作为主要拍摄内容，并设计对应的拍摄画面。

2.视频拍摄

拍摄时要注意整体逻辑统一，推广销售渠道不是针对某款产品，因此产品拍摄应点到为止，有一两个画面闪过即可。

视频开篇时，可对供货仓库进行整体环绕式拍摄，不管是全景、大全景还是中景，都要尽可能多拍。以不同角度拍摄产品仓库，使视频信息内容更丰富，可以让人直观地感受到该销售渠道的体量规模和供货渠道的稳定。

而后对仓库的产品品类进行展示拍摄，距离产品3~5米为宜。在拍玩具或文具类产品时，可以适当拉近镜头，让观众清楚地看到品类细节，这里拍摄两到三组镜头即可，可采用运动和静止画面，多用摇镜头。

最后应着重点明该渠道的特点，回归产品渠道营销的主题，可再次反拍之前的仓库全景内容。

注意拍摄时避免环境灯光昏暗或声音嘈杂，不管用手机还是相机等设备，都要保持稳定的视角和相对明亮的拍摄环境，让观众看到和听到清晰明了的内容。

3.视频剪辑

后期剪辑时要配上符合该销售渠道的音乐，尽量选择能与观众产生共鸣或者是营造产品价格低廉、品质优质、进货渠道稳定等特点的音乐。因为需要凸显的不是产品，而是整个供货渠道，所以建议采用一些有节奏感的、明快的流行音乐。

具体剪辑的逻辑是，要保证按照从远到近、从大到小的剪辑思路进行剪辑，即起始（整体外貌）→中期（具体商品类别）→特写（拉近镜头对商品细节内容的拼接）→结束（回归到整体外貌的画面）。剪辑时注意不要过度采用某些软件特效，这样会让人觉得不够真实，缺乏可信度。需要注意的是，这类视频后期成片时应尽可能展示视频内容的连续性，而不是用单纯的炫技打破内容的连贯性。

（四）推广网红达人短视频

推广网红达人的短视频是指通过展示网红个人魅力或者独门绝技，来提升大众好感度的视频作品。在此以淘宝直播平台的某网红达人短视频为例。

1.内容策划

某网红将个人在生活中经历的尴尬小事通过幽默的方式表现出来，整个视频以女性感受作为切入点，描绘女性在办公场合的真实心理活动与表面状态不相符的有趣画面，进一步塑造该网红亲民的形象。

2.视频拍摄

网红达人短视频主要以近景进行拍摄，镜头一般与被拍摄主体保持 2 米左右的距离，且主要拍摄人物腰部以上部分。根据剧情需要，在两位角色对话或进行角色互动时，镜头应偏向发言的一方。在切换到描绘人物心理的镜头时，要用人物特写的拍摄手法，即将人物肩部以上部分保持于画面内，这样有助于观众留意人物面部特征。此外，网红达人短视频拍摄场景需要经过前期策划，根据网红形象塑造要求来进行场景的布置，包括灯光与道具的布置，让人一眼就能看出是某网红的场景。如某网红的短视频场景是具有标志性的白领办公室，与女性各种尴尬处境的剧情相结合，让人印象深刻。

3.视频剪辑

剪辑的思路应遵循具体的剧情逻辑，根据剧情发展的走向，依据故事内部逻辑将前期拍摄的素材进行拼接整理，删除对故事推进无用的镜头，保证故事顺利发展。同时，剪辑时可利用蒙太奇手法等常用的剪辑手法进行创作，提升可观赏性。例如，上一镜头的动作延续至下一镜头中，能充分体现时空交错的场景切换，剪辑时可将主角白天所经历的一些事情通过回想画面闪回至晚上的现实场景中，主角便会有一系列的情感纠葛。再如，画外音的制作可反映出主角的心理活动，这里可以通过特写的拍摄方式跟踪主角面部，同时制作后期配音音频，在画面停留在主角面部的同时播放画外音，描绘其心理活动。

三、短视频剪辑软件

剪辑软件种类众多，功能复杂，以下主要介绍"剪映"和"Pr"两款入门级短视频剪辑软件。

1.剪映

剪映是抖音官方推出的一款手机视频编辑剪辑应用。带有全面的剪辑功能，支持变速，多样滤镜效果，以及丰富的曲库资源。软件发布的系统平台有 IOS 版和 Android 版、Macos 版。

视频编辑剪辑功能：【切割】快速自由分割视频，一键剪切视频；【变速】0.2 倍至 4 倍，节奏快慢自由掌控；【倒放】时间倒流，感受不一样的视频；【画布】多种比例和颜色随心切换；【转场】支持交叉互溶、闪黑、擦除等多种效果；【贴纸】独家设计手绘贴纸，总有一款适合你的小心情；【字体】多种风格字体、字幕、标题任你选；【曲库】海量音乐曲库，独家抖音歌曲；【变声】一秒变"声"萝莉、大叔、怪物；【一键同步】抖音收藏的音乐，轻松 get 抖音潮流音乐；【滤镜】多种高级专业的风格滤镜，让视频不再单调；【美颜】智能识别脸型，定制独家专属美颜方案。

2.Pr

Premiere Pro 是一款必备的编辑工具，适合热爱视频的专业人员。它是一款易学、高效、精确的视频剪辑软件，可以提高你的创意和创造力。Premiere 提供了一系列的收集、剪辑、调色、美化音频、添加、输出、DVD 刻录等程序，与 Adobe 的其他软件有效地结合在一起，让你能够应付任何在编辑、制作、工作流方面的困难，从而达到你进行高品质工作的需求。

使用该款软件的剪辑方法为：将左下方【效果】区域选项中的各类特效拖动至右下方的【视频轨道】中，在右上方的视频【监视器】区域进行预览，若想对特效的参数做微调，如透明度、画面位置等，点击左上方【效果控件】选项进行修改即可。

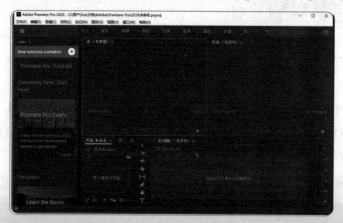

模块三　直播选品

　　电商直播带货并不是一锤子买卖,主播应把产品视为一种媒介和渠道,最终目的是实现消费者对主播直播间相关产品的持续性购买。所以,直播带货应做好选品和价格让利谈判,用消费者乐于接受的方式进行直播带货,实现商家、消费者以及平台等多方共赢。

任务一　直播选品标准

对于一场成功的带货直播而言,选品是第一要务。规范化的电商直播需要在选择产品之前就制定明确的标准,实现规范选品。

一、产品渠道正规合法

2019年11月,中国消费者协会通过互联网舆情监测系统发布的一份调查报告显示,对于网络购物,近六成消费者担心产品质量问题,超过四成消费者担心售后问题。因此,电商直播带货作为消费者网络购物的重要方式之一,需要严把产品质量关。

为确保产品以及售后服务质量,主播应选择来自正规合法企业的产品。相关企业必须经国家备案(可以通过工商系统网站查询),并且没有违规记录,没有被列入失信黑名单。

二、产品应时应景

电商直播带货需要紧跟市场趋势,所以产品是否应季就显得尤为重要。主播们要选择和时令相匹配的产品,尽量避免选择过季产品作为主推产品。

三、产品卖点明确

产品的卖点是打动消费者的关键。选择卖点明确的产品,也就是要选择在外观、款式、质地、功能等方面拥有较为显著特点的产品。有卖点才会有市场,产品卖点明确,可以帮助主播打破消费者心理防线,促成消费者购买行为。

四、产品销量高

销量高的产品具有较为成熟的消费市场,容易被消费者接受。在直播带货的前期,可以选择销量较高的产品,以带动用户的消费欲,同时积累用户的信任感。

五、产品性价比高

电商直播带货的核心不只是主播和产品,产品的性价比更为重要。高性价比、低客单价的产品在直播带货中会更具有优势,可以作为引流产品,用来吸引消费者目光。

任务二 直播选品技巧

一、选择颜值高的产品

主播在选择产品时应尽量选择一些外观漂亮、设计感强的产品,以吸引消费者的眼球,使消费者产生购买意愿。

二、选择品质过硬的产品

电商直播带货,主播的信誉至关重要。如果产品存在质量问题,会直接影响主播的形象和人设。主播在选品时要重点关注品质过硬的产品,如得到权威机构认证、业内口碑极佳的产品等。

三、选择复购率高的产品

电商直播带货,主播的粉丝群体相对稳定。产品的购买频次不但会影响主播的收益,还会影响粉丝的活跃度,因此可以尽量选择一些复购率较高的产品,如零食、日用品、化妆品等快消品。如果粉丝购买后体验良好,就会选择在主播的直播间再次购买。

四、选择便于运输的产品

物流是影响客户体验的重要因素,每一次愉快的购物体验可以为以后的购物奠定基础。主播应尽量避免选择不便运输、易碎、易烂的产品。

五、选择其他主播直播间销量较好的产品

新手主播在选品时可以优先考虑那些已经在其他主播直播间有较好销售表现的产品。跟卖此类产品,可以帮助新手主播在前期提高直播间的成交量。

六、根据粉丝需求选品

主播在选品时还要充分考虑到自己的直播账号上粉丝的需求。卖粉丝需要的产品才可能获得较高的回报,并稳固自己的粉丝群体。因此,了解粉丝的需求对于选品非常重要。主播要随时关注粉丝在直播间提出的需求,有的主播甚至会在直播的最后直接在直播间询问粉丝的需求,这样做不仅可以直接获取到粉丝的需求,同时也可以让粉丝产生一种"主播下次会卖我需要的产品,我下次还来他的直播间"的期待感。

任务三 寻找优质商家货源

一、1688采购：商家采购的流程步骤

1.搜索供应信息

（1）进入1688采购网的网站首页，选择想要查询的信息类型，如男装、女装、配饰、鞋靴、美容化妆、汽车用品等，或者直接在搜索栏输入想要查询的商品的关键词，如"运动鞋"。

（2）单击搜索栏右侧的按钮或者直接按Enter键，网站会出现所有与"运动鞋"相关的商品信息。

（3）如果搜索出现的商品信息过多，可以进一步缩小搜索范围。以"运动鞋"为例，可以通过选择"穿着方式""风格""产品类别""价格"等限制条件进行进一步筛选，以此得到的商品信息将会更符合自身需求。

（4）在选择好商品供应商后，打开公司页面能够获得更详细、更具体的信息，如供应商的联系方式、加盟要求、商品信息等。如果想要进一步与供应商洽谈合作事项，左侧会有悬浮的对话框，单击后就可以与对方开始聊天，咨询商品价格、进货数量等具体问题。

2.货比三家

（1）想要选到物美价廉的商品，货比三家必不可少。将鼠标指针放在商品图片上，会出现多条同款信息，以供比对。

（2）单击"同款"按钮后，就会跳转到新页面，页面中将显示这款商品价格、销量、公司以及满意度等方面的所有信息。

（3）综合分析以上信息后，确定一款心仪的商品。

3.订货

确定要订购的商品后就可以下单了。选好采购的商品型号与数量，单击"立即订购"按钮，完成订购。然后第一时间联系卖家，询问运费、收货情况等交易条件，最终完成交易。这个环节需要注意以下三点：

（1）一旦采购商确认并提交商品单价及订购数量，卖家会视作这笔交易即将成交。因此，采购商一定要谨慎单击"立即订购"按钮，一旦放弃将被视为违约。

（2）不要一次订购太多商品，除非店铺货源紧张或者合作关系紧密，否则很容易

收到次品或者遇到货物数量与订购数量不符的情况。

（3）最好使用支付宝进行交易，并选择"货到付款"。

4.把采购的产品上传到自己的淘宝店铺

（1）收到商品后就可以进行商品图片拍摄了。商家一定要重视商品图片拍摄及后期处理环节。如果拍摄技术有限，又不会后期修图，则可以请专业的拍摄团队进行商品拍摄。因为用户浏览商品时首先注意到的就是商品图片，只有足够精美的商品图片才能对用户产生较强的吸引力。

（2）完成图片后期处理工作之后，要上传商品的其他信息。可以用大淘营的阿里巴巴复制工具复制 1688 网站上的商品链接，将其粘贴到工具采集地址栏上，单击"添加列表"生成数据包，把数据包导入淘宝助理，填好信息后，商品就能成功上传到店铺中去。

二、找代工厂：解决货源的"六步法"

我们以服装为例，完整的服装供应链需要多个环节相互配合，供应链本身的复杂性加上服装电商的高流动性，想要选择一家合适的服装加工厂并不是一件容易的事情。在这个环节中，商家可以采用"六步法"来挑选一家合适的代工厂，解决货源问题。

第一步：确定工厂位置

随着珠三角地区和长三角地区的产业升级趋势越加明显，服装加工厂开始向周边省份转移，长三角地区的工厂多转向安徽，珠三角地区的工厂多迁往江西，甚至有的迁往河南、湖北、四川等地区，即便是留在本地的服装工厂规模也在不断缩小。因此，商家最好选择距离比较近的服装加工厂，以节约成本。

第二步：选择规模合适的工厂

服装加工厂并不是生产线越多、生产规模越大，就越适合合作。服装供应链重视资源匹配原则，如果商家的订单量较少，最好选择规模不大的工厂合作。在这方面可以参考以下公式作为选择工厂的标准：工厂规模 = 订单量 /10。如果商家订购 500 件服装，可以选择工人人数在 50 人左右的工厂。

第三步：知道工厂的优势品类

不同的服装加工厂有不同的服装生产线，擅长加工不同品类的服装。同时，为了发挥集约化优势，业务相同的工厂多聚集在一起。如果商家缺乏经验，可以聘请在服装加工行业有丰富经验的人加入团队，专门负责采购业务。这些专业人士的加入可以帮商家少走弯路，节省采购费用。

第四步：判断工厂的专业性

判断一家服装加工厂的专业水平，商家可以考虑三个指标，如图所示。

如果一家工厂拥有多名打板师而且前后道环节齐全，就说明它拥有比较完整的生产链，能够保证交货质量与交货时间。如果一家工厂的卫生环境较好，说明这家工厂的管理水平没有问题。

第五步：选择值得信任的工厂

商家要选择一家值得信任的工厂，可以参考三个指标，如表 3-1 所示。

表 3-1　商家选择工厂时的三个参考指标

指　标	分　析
建厂历史长	如果一家代工厂拥有至少 5 年以上的服装加工经验，大多是久经考验的老厂，不用担心工厂会突然发生经营不善等情况
经验丰富的工人数量多	一般情况下，电商的订单数量并不大，但是需要随时更新款式。如果工厂有很多经验丰富的工人，就可以有效保证订单生产质量和生产水平
客户名气大	如果工厂合作的客户多为高知名度的大品牌，基本无须担心生产质量问题。但如果一家工厂之前合作过品牌服装商，但近年来很少与之合作，再加上工人离职率比较高，说明这家工厂今不如昔，很可能会出现生产质量问题

第六步：选择配合度高的工厂

这是选择工厂的最后一步，也是难度最大的一步，需要商家与工厂负责人认真洽谈，判断对方的合作态度。如果负责人重视电商订单，愿意配合你的要求，就可以真诚地与之沟通，把具体要求及注意事项逐一告知。在多次友好合作后可以尝试与这家工厂建立更深入持久的合作关系。

三、淘宝代销：模式优势与操作方法

除选择合适的代工厂外，淘宝代销也能为店铺提供货源。相比挑选代工厂而言，淘宝代销的工作更加简单轻松，无须承担太多的成本压力。

简单来说，淘宝代销就是商家在淘宝平台注册一个店铺，上架一些产品，但没有实际库存，如果有客户下单，就从供货商处购买再发货或者直接请供货商代为发货。

在这种经营模式下，商家只需要申请注册一个淘宝店铺，上传供货商提供的商品图片即可，操作简单，无须承担太大的经济压力与风险。

1.淘宝代销模式的主要优势

淘宝代销模式的优点可以归纳为三点，如表 3-2 所示。

表 3-2　淘宝代销模式的三个优点

优点	具体描述
运营资金少，没有库存压力	代销模式无须大量采购商品，不会面临库存积压风险，既没有订购商品的成本费，也没有放置商品的仓储费，可以节省大量开支
投入精力少，省去发货流程	商家无须在模特展示图、商品细节图、商品详细说明等方面投入太多精力，直接使用供货商提供的商品图片即可。作为代销商，商家只需要向供应商提供淘宝用户的购买地址，由供应商负责发货，无须亲自发货。因此，淘宝代销店铺大多注重售后客服以及商品宣传，以吸引更多淘宝用户关注
灵活调整货源布局，无须担心商品积压	想要做好淘宝代销，商家必须具备及时调整货源的能力，能够判断出当下好卖的商品是什么。初入这一行业，最好先从低端市场做起，虽然利润微薄，但可以积累经验 进入高端市场之后，代销商家可以尝试自己进货销售赚取更多利润。经验丰富的代销商能够根据市场动向及时调整库存，清理掉可能积压的商品，更换为热销爆款

2.淘宝代销的操作方法

（1）开通至少一个淘宝店铺。商家可以在登录淘宝后查看卖家中心，在页面左侧单击"货源中心"按钮，进入页面，选择想要代销的商品。

（2）查看商品招商要求，联系供应商。只有满足供应商的招商要求，才能获得商品的代销权。在选择好商品货源后，单击"传淘宝"按钮，再单击"确认"按钮。选择的供货商必须能够持续稳定地提供商品，不能出现断货现象。

（3）编辑代销商品信息。回到卖家中心页面，选择"仓库中的宝贝"，编辑商品信息，填写商品的零售价格。

（4）等待淘宝平台审核，审核通过就可以正式做代销业务了。

四、线下批发：商家拿货的实战技巧

到线下批发市场进货也是解决货源问题的可行之道。与网上进货相比，到批发市场实地考察，没有精美的商品图片及夸大其词的商品说明的干扰，商家可以了解到商品的真实情况。不过挑选线下进货渠道同样需要掌握一定的技巧，这里提供三点经验以供参考。

1.货比三家，做好记录

批发市场的规模较大而且构成复杂，每个分区都出售不同类型的商品。因此，商家在考察商品时需要在纸上或者电子设备上做好记录，具体流程如表3-3所示。

表3-3　货比三家考察商品的流程

流程	具体事项
1	商家要较全面地参观批发市场，不仅要大致比较各个卖家的价格、货品质量，还要了解当下的市场行情
2	商家在观察、询问的过程中，要及时记录下自己感兴趣的店铺，记录店铺地址与联系方式，以便后期可以随时联系
3	货比三家，仔细斟酌。批发市场鱼龙混杂，质量良莠不齐，需要仔细辨别商品质量与真伪。经验丰富的采购人员不会着急进货，而是会在对比筛选后选择性价比高的商品

在选择货源的过程中，商家要警惕"炒货"现象。有些店铺假扮厂家，实际上是从多个厂家进货后再二次销售，产品单价要比厂家直销的产品单价贵，一些采购新手很容易上当受骗。

2.进货换货，收好凭证

通常来说，相比于网络的换货制度，批发市场的换货制度更加人性化，只要提供拿货凭证就可以更换货源。一般来说，拿货凭证包含进货明细、联系方式以及商家地址等很多信息，商家一定要妥善保存，一旦丢失就有可能面临无法换货的风险。此外，如果商家有二次进货需求，可以直接通过采购凭证联系供货商，节省物流与时间成本。如果商家与某些供货商建立了长期的合作关系，不妨经常与他们联系，询问是否有合适的新品，让供货商送货时捎带过来，如果满意就可以直接订购。

3.学会还价，欲擒故纵

批发市场一向秉持薄利多销的原则，没有太大的还价空间，但是商家仍然可以用更便宜的价格订购商品。这里提供一些"砍价"小技巧，如表3-4所示。

表3-4　"砍价"技巧

砍价技巧	具体操作
发现缺点	世界上没有完美的商品，为了砍价，商家可以仔细查验商品是否有缺点，如服装线头多、鞋底比较硬等，用卖家无法忽略、逃避的问题压低商品价格
欲擒故纵	商家确定在哪家购买后不要急于表态，如果卖家给出的价格高于心理预期，可以假装离开，表示不想购买而等待卖家主动降价。注意不要把价格定得过低，以免卖家因为没有利润可赚而终止交易

续表

砍价技巧	具体操作
互利共赢	如果在同一个批发商那里进货次数多的话，可以考虑建立更深入的合作关系，这样省去彼此讨价还价的麻烦，商家也愿意给予你更优惠的价格

任务四　仓储管理

一、仓储货架的规划方法

电商仓库根据功能不同可以划分为进货口、出货口、仓储区、打包区、出仓区五大区域，有些仓库会将进货口与出货口合并为一个。这些功能区会在工作过程中自然形成，无须花费过多心思进行规划。

放置货品要注意两点：选择合适的货架以及合适的货位。一般货架的位置不宜变动，要相对固定，但是货架上的货品需要根据销量及时调整，提高出货效率。

二、电商仓储管理规范化

随着电子商务蓬勃发展，仓储管理规模扩大，电商仓储相应的管理标准也随之提高。电商仓储中应该关注的是如何更快更准确地缩短送货时间以及如何实现高效的仓储管理。这两大问题的解决需要建立更加智能化、规范化、标准化的管理制度与体系。

三、可视化监控确保货物信息安全

信息化仓储管理系统通过对货品存储、发货、运输等各个环节进行实时可视化监控，一方面使仓储人员可以远程查询订单情况，并及时更新、上传有关记录；另一方面通过设置系统权限，可以让用户随时了解订单动向。仓储管理系统会将整个物流过程拍摄并保存下来，确保各个环节都可以追溯，保证货品可以安全送达。

任务五　物流配送

一、选择快递公司

快递公司直接影响着包裹配送效率，包裹配送效率直接影响着顾客的购物体验。为了提升顾客的购物体验，商家必须综合考虑各个因素，选择一家性价比高的快递公司。具体来看，商家选择快递公司要考虑七个因素，如表3-5所示。

表 3-5   商家选择快递公司需要考虑的七个因素

选择因素	具体事项
快递价格	商家在选择快递时，首先应该考虑的就是价格因素，因为对于提供包邮服务的店铺来说，快递价格越高，所得利润就越少。所以，商家要综合分析自家店铺的运营成本与产品价格，在保证利润的前提下选择一家价格合适的快递公司。但也不能选择太便宜的快递公司，因为一般来说价格越便宜，快递速度就越慢
运输时效	运输时效与店铺的动态评分息息相关。商家在选择快递公司时要将时效与价格综合在一起进行考虑，可以通过分析价格相近的几家快递公司的实时物流信息，判断哪家快递公司才是自己的最佳选择
配送区域	商家的很多客户都来自农村或偏远地区，因此，商家必须选择能够将产品配送到这些区域的快递公司。尤其是将农村和偏远地区的朋友作为目标客户的商家，如果仅仅将产品配送至乡镇，很容易引起客户的不满，甚至会被打差评，所以就更要选择能够快递送至农村的公司
包裹安全	为了尽量避免快递损坏或丢失等情况出现，商家要选择丢件率低、暴力分拣情况少的快递公司，以免客户因为快递运输问题对店铺产生不良印象
发展前景	有些快递公司虽然便宜，但是公司规模小，发展状况不稳定，倒闭的风险大。因此，出于长远考虑，为了避免因为快递公司出现意外影响到产品的运输安全，商家最好选择发展前景良好，业务模式成熟的大型快递公司
市场情况	商家在选择快递公司时应该参考社会上的一些信息，例如快递行业的市场情况和各个快递公司的大众口碑，避开丢件率高、暴力分拣员工多、速度很慢的快递公司
根据店铺宝贝的具体情况进行选择	商家要结合自家的产品类型选择快递公司。不同商家经营的产品类别有所不同，不同类型的产品对快递的配送要求也不同。例如，如果商家销售的是服装，可以选择价格比较便宜，但物流速度很慢的快递公司，因为快递时效不会对产品质量造成不良影响。如果商家以销售生鲜、水果等产品为主，必须选择一家物流速度很快的冷链运输公司，保证产品送达时仍然新鲜，不会变质

二、提升快递体验

每家网店都非常注重自己的信誉，而信誉的提高离不开客户的好评，因此，许多网店为了获得客户的好评都会付出很多努力，力求为客户提供更优质的服务，提高客户对本次购物的满意度。但因为产品的快递业务由快递公司负责，所以当客户因为物流速度慢或者快递人员态度差给出差评时，商家往往会感到非常冤枉。再加上有的客户难以沟通，认为既然产生了交易行为，那么整个过程出现的所有问题都应该由商家承担，导致商家有苦难诉。为此，商家要掌握优化物流的方法，降低类似情况发生的概率。

三、降低快递成本

商家在运营店铺的过程中会产生很多成本。在众多运营成本中，快递成本是占比较大的一种。如果可以降低快递成本，商家就能获得更多利润。

1.降低包装成本

许多商家将纸箱作为产品的外包装，如果商品属于易碎型商品，还需要商家为其准备一层内包装，避免商品在运输过程中受到损坏。此时，商家需要考虑选择哪种内包装能够使成本更低，例如海绵和泡沫相比，泡沫的成本更低。

2.回收材料再利用

商家在收到供应商寄来的大量商品的同时，也会一同收到许多包装箱，商家可以将这些包装材料收集起来进行二次利用。此外，为了降低包装成本，商家也可以回收快递公司的包装箱。

3.压低快递费

对于商家来说，降低快递成本最有效的方法就是和快递公司讲价。在此之前，商家必须对市场上的多家快递公司进行分析调查，选择那些收费低、信誉高、服务好的快递公司进行合作，这样既能减少成本，又能降低客户因快递问题对商家产生不满的可能性。为了使快递公司能够在价格上做出让步，商家在讲价时可以向快递公司表明自家店铺订单很多，并有意长期合作等。

4.发平邮节省邮费

商家想要让自家产品拥有更多价格优势，必须降低产品运费。如果商品比较重，在征得用户同意的前提下，商家可以选择价格比较实惠的平邮，也就是邮政普通包裹。这里需要注意的是，店铺发平邮必须与买家商量。

四、快递问题处理

1.买家没收到商品

（1）可能商品还在快递公司，没有寄出去。

（2）快递需要中转，花费时间较长。

（3）快递已送达，但不是本人签收，可能放在了门卫处，门卫还未通知客户。

（4）情况最差的一种，由于快递公司的疏忽，可能在运输过程中丢失或损毁。

2.快件丢失

商家一定要保存好发出商品的快递单，以免遇到丢件情况时没有发货证据。然后随时跟进物流情况，及早发现各种问题，一旦发现商品丢失立刻与快递公司联系，协商解决方案。

3.收发快递的注意事项

（1）发快递时必须联系快递公司取件，不能直接给相熟的取件员打电话，因为取件员的工作流动性较大，会增加不必要的麻烦。

（2）为了应对快递信息无法查询的状况，商家要记下取件员的姓名和电话。如果是新来的取件员，还要事先确认对方的身份。

（3）商家在发出商品时必须认真填写寄件单上的所有信息，尤其要将寄件日期核对好，这样既能帮助自己查询发货时间，也有助于估算商品到货时间。同时，如果将来与快递公司发生纠纷，寄件日期也是一条重要证据。

（4）为了提高查件效率，保留发货证据，也为了能够查到以前客户的快递信息，商家在发货后要妥善保管快递单，掌握快递时间，实时跟进物流信息，避免因快递问题导致客户迟迟收不到商品。

（5）收快递时必须检查快递的密封情况，查看是否有被事先拆开的痕迹。如果没有，要在快递人员在场的情况下拆开包裹检查货物。

4.贵重物品快递经验

（1）选择信誉好、口碑佳、规模大、有安全保障、知名度较高的快递公司，不能选择市场上的代理公司。

（2）认真填写快递单的各项信息，同时为了不泄露具体的产品信息，不能直接在货物描述中填写商品名称，例如，寄平板电脑时不能在快递单上直接写"平板电脑"，最好写成"设备"。

（3）发快递时要自己准备好包装箱，或在对方提供的包装箱上做好记号。因为许多快递公司都会说只要外包装没有破损，他们就不承担赔偿责任，一般也不赔付保险。所以当他们发现包装箱损坏后，经常直接换个新包装。

（4）将商品放进包装箱后，如果发现箱中还有多余空间要用其他物品塞实，保证商品不会在包装箱内来回晃动，同时用封箱带把包装箱密封好，既防水又不易丢失。

（5）在寄出贵重商品时，为了在丢件时能够得到相应的赔偿，商家必须保价，确认好保价费与保险公司。

（6）告诉客户在收到商品时必须当面验货，否则不要签字确认。因为如果签字之后发现商品有问题，快递公司就可能不会理赔。

模块四　淘宝直播

　　淘宝直播是电商直播的代表,因为电商直播需要做的不仅仅是直播,而是通过直播链接商品、用户,通过直播直接产生交易,通过交易直接带来主播、商家、用户三者的利益分配,而淘宝直播凭借完善的商业基础设施和丰富的内容展现形态,以及多元的粉丝运维方式,打造出了电商直播完整的产业链。

任务一　淘宝直播平台认知

淘宝直播是阿里巴巴网络技术有限公司推出的消费生活类直播平台，用户可以一边看直播，一边与主播互动交流，领取优惠券，并选购商品等。

一、淘宝直播平台的特点

覆盖广。产品覆盖广、市场覆盖广，强电商弱娱乐。淘宝上都是规矩刻板的商人，啥都卖，店小二根本忙不过来，卖货都来不及，没有功夫琢磨娱乐。

电商产业链完善，规模巨大。2020年，阿里巴巴的GMV为7.053万亿元，为世界上第一个销售过万亿美元的平台。

对商家扶持。淘宝网把直播电商作为新型电商业态进行重点扶持，形成了较为完善的平台机制。

更受用户信任。淘宝直播拥有天然的电商基因，而且淘宝已经在买家和卖家之间有了很高的知名度和信任度。与其他直播电商平台相比，用户更愿意相信已经运营了十几年、有一定规模的淘宝。基于主播的个人魅力和平台的实力，用户产生购买决策的时间大大缩短，甚至购买频次也增加不少。

二、淘宝直播的类型

淘宝直播主要可以分为卖家直播、达人直播、天猫直播，以及全球购买手直播。

卖家直播和达人直播很好理解，目前各大直播平台都是这种模式，能够带货的要么是平台开店的商家，要么是官方认证的达人。淘宝卖家直播适合成熟性店铺，对于老店而言，其拥有真实购买客户群体，开通直播主要是维护老客户，提升老客户的复购，同时解决售后，拉近与粉丝距离感。

全球购买手直播要求会高一些，需要有淘宝店铺，同时要有签证护照，而且，如果店铺出现售假，直播权限在一定时间内（通常1~2年）是无法开通的，适合有海外资源的主播。

天猫直播自然需要有天猫店才行，不限于是旗舰店、专营或者专卖店，主要以天猫卖家为主。

三、淘宝直播流量分配规则

不管是传统电商，还是直播电商，都需要流量，淘宝直播自然也是如此。因此，运营淘宝直播，了解淘宝直播的流量分配规则是非常必要的。淘宝直播流量分配规则主要体现在以下四个方面。

1.标签竞争

直播打标签，其实是在给官方和粉丝精准定位你的直播属性，根据你的属性来匹配对应的流量。但是用标签的人多了，可选择范围也就多了。

在标签之下，和竞争对手进行流量争夺。

2.层级攀登

这个毋庸置疑，爬得越高，直播权益也就越多，被官方、粉丝看见的机会就越大，自然流量也会往高层级的主播或店铺身上倾斜。可能很多人都不知道，头部主播是有流量保底机制的，所以说这么多人投入资源去往头部竞争，请明星，请网红，希望自己直播间能成为 TOP。

3.活动排名

淘宝直播官方经常举办各种主题直播和排位赛等活动，主播把官方活动和官方任务完成得越优秀，就越能证明主播的实力，其排名也就越靠前。在淘宝直播官方看来，这样的主播很好地利用了官方为其提供的流量，在他们身上可以获得较高的投资回报率，所以在分配流量时会更倾向于扶持这些主播。

4.直播内容建设

淘宝直播官方不止一次提到，淘宝直播终将回归到内容建设，而流量倾斜自然也会以内容建设为核心，所以做好内容建设是增加直播间流量的核心点。淘宝直播官方评判直播内容的依据主要有以下五个。

内容转粉力　　即通过持续性的内容输出，将只是短暂停留的游客变成有目的、停留时间长的"铁杆"粉丝。

内容获客力　　代表内容与消费者购买行为产生引导转化的能力，也就是了解产品后进行了购买行为，从前期的种草到拔草成功，通过内容获得购买商品的精准消费群体。

内容引导力　　与内容吸引度息息相关，是指把粉丝留住到引导其进店并主动了解商品的能力，这部分可依靠主播的话术建设来提升。主要考察话术体系构建和主播控场、吸引力。

内容吸引度　　以在单位时间内，粉丝能否在直播间进行停留、购买，以及互动动作（评论、点赞、分享等）作为考量，多取决于直播氛围、产品选择和主播引导。主要考察的是产品构成及主播吸引力。

内容能见度 即内容所能覆盖消费者的广度,主要是通过直播间浮现权重和微淘触达的人群来体现,被覆盖的人群受众越广,内容能被看见的概率就越大。主要考察直播的运营能力。

因此,淘宝主播要学会合理地运用直播标签,努力提高自身等级,在官方活动中表现优秀,并坚持做好直播内容建设,这是赢得流量竞争的核心策略。

四、淘宝直播权重解析

权重是指某一因素或指标相对于某一事物的重要程度,倾向于贡献度或重要性。总体来说,淘宝直播权重分为两类,即静态权重和动态权重。

1.静态权重

静态权重主要包括直播预告、直播标签、直播封面图、直播标题、开播时长等。这些数据在主播开播准备期就已经基本确定,相对稳定,不会因直播中的各项表现而产生浮动。

(1)直播预告:直播预告是指直播间和淘宝直播系统约定的开播时间,这里最忌讳的是公布了直播预告却没有按时直播,或者干脆没有直播,这对直播间的权重有很大的影响,因为这种行为违背了诚信原则,触及了平台的底线,所以直播间的权重肯定会被降低。因此,如果在直播前发生了不可控的情况,可以提前删掉预告,而不是发布预告后不直播。

(2)直播标签:主播在选择直播标签以后,会和同一标签下的主播在同时段竞争,而每个粉丝能看到的标签有限,系统会根据粉丝最近观看的主播类型来确定喜好标签,再加上标签下的流量和使用人数一直处于不断变化中,主播一旦确定了适合自己的标签,最好固定下来,不要轻易更换。

(3)直播封面图:人是视觉动物,对于美好的事物有本能的向往。如果主播恰到好处地运用视觉要素,就可以激发用户的观看欲望,从而提升直播间的点击率。直播封面图就是用户观看直播之前对该直播形成第一印象的来源,在没看到直播内容前,直播封面图就是核心吸引点。

(4)直播标题:直播标题和直播封面图一样,是影响直播间点击率的重要因素。直播标题是指机器推荐到直播间的标题用词,与直播标签有关,字数一般在12字左右,突出直播的主题,有明显的利益吸引点。淘宝直播平台会自动审核每个直播标题,并给出基础分。

(5)开播时长:保证直播的时长是每一个主播都必须做到的,一般每次直播要持续2个小时以上。

2.动态权重

相较于静态权重，淘宝直播的动态权重更加灵活多变。淘宝直播的动态权重主要包括访客停留时长、同时在线人数、粉丝回访率、互动量、关注、分享、商品点击率、加购物车数量等。动态权重越高，相应的公域流量就会越多，这对于提高曝光度和促进拉新有很大的帮助。

（1）访客停留时长：在淘宝直播平台中，70%的访客在进入一个直播间后会在3秒流失，访客停留时长很短。主播可以设置粉丝亲密度来激励进入直播间的用户，用户在直播间停留时间越长，经验值就越高，等级会以"新粉—铁粉—钻粉"的形式升级，这样可以让粉丝和新访客每天都来直播间互动。提升访客停留时长的方法有与其聊天、设置直播间优惠、更新商品等。

（2）同时在线人数：同时在线人数能反映直播间的受欢迎程度。主播通过后台可以看出，直播间在每分钟都有人进有人出，主播可以通过"直播内容＋优势商品＋福利促销"的方式把人留在直播间，这样同时在线人数会逐渐增加。

（3）粉丝回访率：粉丝回访率也是一个重要数据，官方要评估粉丝回访率，以排除"刷粉"的可能性。影响粉丝回访率的因素有商品本身是否让粉丝有复购的欲望，主播是否能让粉丝有持续关注的欲望，商品的快速更迭能力，以及粉丝分级设置等。

（4）互动量：主播可以通过抽奖、向粉丝提问等方式增加直播间的互动量，营造热烈的直播氛围。

（5）关注：关注是指新增粉丝数，该数据其实与商品的核心卖点以及静态权重有很大关系，所以做好各项准备工作和预热动作就显得至关重要。主播尽量少用后台的关注卡片，只在抽奖和发红包时设置一下即可，如果经常发会影响已有粉丝的心情，容易造成粉丝流失。

（6）分享：淘宝直播平台希望不断有新的流量进来，所以分享在直播权重中的占比很大，而且主播的直播间也需要不断有新用户进来，因此主播可以在做有趣的互动时提醒粉丝，让粉丝分享直播，并给分享的粉丝提供优惠或返现。

（7）商品点击率：商品点击率代表的是主播对于商品的引导能力。商品点击率越高，说明粉丝的购买欲望越强，这是淘宝直播平台所希望看到的，所以商品点击率的权重也是占比很大的。因此，主播要善于引导粉丝经常到购物袋查看商品，尤其是看前置商品。此外，商品主图也要设计得让人特别有点击的欲望。

（8）加购物车数量：到了这一步，就意味着粉丝要下单成交了。对于商家来说，粉丝加购物车是提升动态权重的，加购物车数量越多，表明粉丝的购买意向越强烈，但这也需要主播进行引导。

任务二　淘宝直播权限的开通与人设打造

不管是商家还是个人，要想开通直播，都要满足特定的条件，而在满足条件并成功开通直播后，主播还要进行人设打造，为自己打造一个良好的形象，让用户一直保持想要看到你的欲望，从而逐渐积累粉丝，扩大影响力，并稳定地通过直播带货变现。

一、开通直播权限的条件

直播权限是淘宝直播的基础权限，商家和个人只要达到基本条件就能成功开通直播，并在订阅或自有淘宝集市店铺首页 / 天猫店铺首页等私域流量渠道进行展示。

商家直播和个人直播的开通条件和要求是不同的，具体如下。

1.商家直播

商家直播包括个人店铺和企业店铺的直播。开通商家直播需同时满足以下条件和要求。

（1）淘宝店铺等级在一钻或一钻以上。

（2）主营类目在线商品数 ≥ 5，且近 30 天店铺销售商品件数 ≥ 3，且近 90 天店铺成交金额 ≥ 1000 元。

（3）商家须符合《淘宝网营销活动规则》。

（4）本自然年度内不存在出售假冒商品的违规行为。

（5）本自然年度内未因发布违禁信息或假冒材质成分的严重违规行为扣分 6 分及以上。

（6）商家具有一定的客户运营能力。

2.个人直播

个人直播主要是淘宝达人的直播，个人可以通过支付宝实名认证，注册成为淘宝达人。淘宝达人账号等级达到 L2 级别，且完成身份核实以后，淘宝达人还要通过直播平台的内容考核。因此，淘宝达人要上传一段自我介绍或其他相关内容的视频，以展现其控场能力、表达能力和现场表现能力。在上传完成之后，淘宝达人就可以在后台申请开通直播权限，等待官方审核，7 个工作日后，如果审核通过，即可开始直播。

二、主播人设的打造

人设是指人物设定，主播的人设指的是结合用户喜好，按照市场需求与个人发展方向打造出来的形象，包括主播展现给用户的一切内容。打造主播人设可以让用户在脑海中迅速形成一个既定的印象或标签，进而关注主播，成为主播的粉丝。因此，主播要想培养一批忠实粉丝，就必须明确定位，找到喜欢自己的用户群体。

主播定位可按照以下四个步骤进行。

1.明确细分领域

主播要进入合适的细分领域，找到适合自己的发展方向，可以从以下两个方面来确定。

（1）才华天赋：才华天赋决定主播的擅长领域，主播只有找到能够尽情施展自身才华的领域，才能更快地获得成功。

（2）经验积累：所谓"厚积薄发"，一个主播只有在其所处领域积累了足够多的专业知识和经验，才能达到顶尖水平。

2.挖掘自身特色

在数量庞大的主播群体中，主播要想脱颖而出，就必须打造一个独一无二的形象，把自己与其他主播区分开，这就需要主播具有较高的辨识度和鲜明的特点。在挖掘自身特色时，主播可以从以下两个方面来展开。

（1）研究头部主播：主播要学习借鉴所在领域的头部主播，学习他们的经验，如引流方式、运营方式和互动方式等，将这些技巧和策略为自己所用。

（2）深耕细分市场：主播要凭借自己在某一细分领域积累的经验，深耕该领域，通过对行业内竞争对手及直播间粉丝需求的分析，找到最适合自己的细分的领域进行深耕，努力做到更好，最大化地展现自身优势，从而逐渐扩大自己的影响力。

3.拟定合适的名字

在注意力稀缺的时代，主播的名字只有被用户记住才能有继续打造人设的可能性。

一般来说，好的名字要朗朗上口，简单好记，最好能与主播所在的领域相关，且不容易产生歧义。主播名字最好用中文，字数不要太多，最好控制在5个字以内。

4.打造良好形象

一个好的名字只能让用户短暂地产生兴趣，主播要想维持热度，就要内外兼修，打造良好的形象。打造个人形象时要注意以下几点。

（1）外在形象。主播要注重外在形象的塑造，可以请设计师根据自己的气质为自己设计一套形象。

（2）言谈举止。言谈举止也是影响主播人气的重要因素，在直播带货过程中，主播要保持微笑，耐心讲解，不能乱发脾气，同时注意自己的行为举止，动作要文雅。

（3）内在形象。主播不仅要打造良好的外在形象，还要注重内在形象。只有拥有正确的价值观，为网络带来正能量，主播才能为社会做出更大的贡献。如果主播不注重正面形象的维护，不仅会受到网友的抵制，还有可能被平台封禁。

实训操作　开通淘宝直播权限

操作方法

❶ 下载并登录淘宝主播App，进入应用"首页"界面。

❷ 点击"立即入驻，即可开启直播"按钮。

❸ 在打开的界面中点击"去认证"按钮，通过人脸识别进行实人认证，选中"同意以下协议"单选按钮，然后点击"完成"按钮。

❹ 主播入驻成功。开通后，即可进行淘宝直播。

淘宝主播入驻完成后，使用淘宝账号在 PC 端打开淘宝网首页，并登录卖家中心，在左侧依次选择"自运营中心""淘宝直播"选项。打开 PC 端淘宝直播中控台页面，选择页面上方的"我的权限"选项，查看是否拥有淘宝商家的直播权限。

任务三　淘宝直播引流

很多商家以为开通了淘宝直播之后就一切顺利了，直接开播就可以了，但直播的目的是向广大用户推荐商品，引导用户购买商品，所以直播就涉及引流的事情。

主播不能自顾自地说话，要尽可能地增加用户数量，炒热直播氛围，这样才能进一步吸引更多用户，提高转化率。

一、直播前冷启动拉新

直播前的冷启动拉新可以吸引更多的用户进入直播间，对直播活动进行更大程度的宣传。直播前冷启动拉新是为了让用户提前了解直播的大概内容，这样对直播感兴趣的用户就可以及时进入直播间观看直播。直播前冷启动拉新的方式有私域引流、公域引流和发布直播预告。

1.私域引流

私域引流是指通过店铺私域、订阅等渠道的预热，引导粉丝访问直播间，提高直播间的活跃度，进而获得更多公域曝光。例如，淘宝店铺"搞定吃货铺"的店铺首页为该店铺的直播做预热引流。

"搞定吃货铺"的店铺首页

2.公域引流

淘宝直播冷启动拉新的公域场景主要包括微博、微信公众号等。

（1）微博：很多淘宝主播会在微博进行直播预热宣传，告诉粉丝们具体的直播时间，同时会将自己直播间的亮点展现出来，以吸引更多用户进入直播间。例如，微博发布淘宝直播的预告，告知粉丝具体的直播时间和主题，通过号召"转发＋关注"的方式扩大直播预告的传播范围，为直播间增加新的粉丝。

（2）微信公众号：主播可以在微信公众号上以长文案的形式进行直播预热，同时插入图片或海报，告知直播时间和主题。

3.发布直播预告

主播可以通过淘宝直播中控台设置直播预告，发布成功后直播预告会出现在首页预告模块，并在直播时获得优先浮现权。主播还可以在淘宝直播进行焦点图投放，投放的焦点图集中展示在"今日必看"板块。主播在设置直播预告时需要注意以下几个方面。

（1）预告视频尽量不要有水印，禁止添加字幕。

（2）视频应为横屏，画面长宽比例为 16∶9。

（3）视频画面要整洁，内容主次分明。

（4）对于第二天的直播，直播预告至少要在当天 16 点前发布，否则淘宝直播平台将不予审核浮现。

二、直播封面图、标题、标签的设置

淘宝直播的引流工作除了要用到直播预热和直播预告，还要重视直播封面图、直播标题和直播标签的设置。

1.直播封面图

想要运营好淘宝直播，需要掌握很多技巧，不仅需要进行淘宝直播的提前预热，发布有吸引力的淘宝直播预告，还需要设置淘宝直播的封面图，封面图做得好可以吸引更多的人观看。

（1）保持美观、清晰。淘宝直播封面图片上要不出现任何文字，因为你的淘宝直播标题已经能够投射在淘宝直播封面上了。

（2）图片尺寸合理。直播封面图的尺寸一般为 750 像素 ×750 像素，最小不能低于 500 像素 ×500 像素。

（3）色彩要适当。淘宝直播封面图片色彩要明亮，元素体现直播或者视频内容就好，淘宝直播封面不要太乱，淘宝直播封面上坚决杜绝任何形式的牛皮癣。

（4）禁用合成图，因为一旦拼的不好会非常影响美观和点击；也不要选择大面积白色背景的淘宝直播封面图片，这样会导致你的图片不够突出，因为我们的背景也是白色。

（5）符合直播主题。封面图要契合直播主题，让用户在看到直播封面图时就能了解直播的大致内容，进而决定是否要进入直播间。

> **小提示**
>
> 淘宝直播封面图片的内容与淘宝直播室内的产品或型号要求是一致的，否则淘宝直播室内的跳过率会很高，这将直接影响淘宝直播之间的质量分数，严重的还会受到处罚。

2.直播标题

主播在设置直播标题时，要注意以下几点：

（1）讲利益点，直白实在。通常这类标题多用数字会更有说服力、号召力。数字多用价格（低价）、体型、时间（快速）、年龄、成分等，如"月瘦 10 斤试用 4 天"，有时候，一个"来"字也代表了邀请的意思，比如："来和我美食大冒险！"再如："×××，请查收 / 进来 / 了解一下。"利益点放到标题中，如"每日坚果 1 元秒杀，手慢无""新粉下单送面膜"等。

（2）借势热点。主播作为直播内容的运营者，应该具备对时下热点的敏感度，从新闻和流行元素中找到借势的内容。主播可以通过在标题中借势热点，在短时间内获得较高的点击率。例如，以节日为标题的"七夕节送好礼，女朋友超喜欢"，以热门节目为标题的"学乘风破浪的姐姐选口红色号"。当然，借势热点的标题必须与商品之间有一定的关联，如果没有关联，就有可能让用户产生"挂羊头卖狗肉"的感觉，觉得自己受到了欺骗。

（3）能激发好奇心。起的标题要吸引人的眼球，引发人们的好奇心，比如说"教你在一分钟怎么学会穿衣搭配""最新消息：2020 年你不知道的穿衣搭配"。引发人群的好奇心和猎奇心理："解密明星的穿衣搭配技巧。"还有就是"某某独家""新消息""新的功能"，等等。只要能博人眼球就可以了，需要起一些让人有点想进来看一看的欲望的标题就可以了，但是不要太偏离商品的主图，不要做"标题党"。

（4）简单明了。直接就给顾客说明我们现在在干什么，有什么活动等，这样才能有说服力，可以有简单数值组合。比如价格低至多少元、适合什么类型人、适合什么年龄的人、时间、成分等。有的时候一个简单的字也是非常具有作用的，比如说，"2020 年潮男必备""来，和我一起走在时代的前沿""帅哥、美女进来了解下"等，都是可以吸引人群进来的标题。也可以使用比喻、拟人、对比的手法进行标题的优化，注意要营造直播间的氛围，这样观众点击进来才不会觉得标题在夸大其意。

3.直播标签

直播间在某一个标签下播出一段时间后，就会积累相应的权重，但是权重的排名仅限于一个标签，如果主播在 A 标签获得了足够高的权重，突然更换成 B 标签，权重就会降低很多。因此，主播要选择一个适合自己的标签，并不断积累权重。在设置直播标签时，主播可以采用以下两个策略。

（1）统计头部主播的直播时段和标签。

主播可以做一个表格，专门统计不同类别的头部主播每日的直播时段和直播标签。

头部主播拥有顶级的推广级别，一开播就拥有顶级权重，可以吸引平台大部分流量,形成强大的"马太效应",强者愈强,而中小主播很难吸引到足够的流量。头部主播大多在晚上 8 点到 10 点直播,所以中小主播要尽量选择在竞争压力较小的冷门时段直播,例如下午 2 点到晚上 8 点之间,甚至凌晨。

主播要根据商品种类选择更细化的领域,尽量选择竞争压力小的新标签,率先占领蓝海市场,此时排名也会相对靠前。当然,新标签不能是流量稀少的冷门标签,因为这种标签很难做到大规模。

(2)根据自身竞争力选择标签。

尽管淘宝直播平台会为商家或达人提供相应的标签作为参考,但主播在选择标签时还是要根据实际情况来决定,应分析自身优势、竞争对手、市场前景、商品定位、目标人群等。

如果主播缺乏竞争力,粉丝基数小,可以借鉴以下两种思路来选择标签。

第一,通过优化直播间商品来匹配最精准流量,在新的标签里迅速占领制高点。新标签的权重可能是 0,这时最应该做的是迅速抢占新标签。

第二,利用 3~5 天把每个相关标签轮番测试一遍,从中选出最合适的标签。

主播通过以上两种方法找到最适合自己、对自己流量帮助最大的标签以后,要长期使用,不断积累权重。

如果主播本身竞争力强,粉丝基数大,则需要注意以下两个问题。

第一,如果是垂直领域的主播,就不要盲目更换标签,即使更换也要选择相近的标签,否则粉丝流失严重。如果主播在"每日上新"标签下直播了很长时间,销售数据表现很好,在淘宝的推荐排名非常靠前,突然把标签更换为"运动服饰",直播间的权重就会被削弱,推荐排名会出现下滑,以致销售业绩受到影响。主播可以使用相近的标签,如"上新联播",从而把"每日上新"的权重转移过来。

第二,如果是综合性主播,每次直播推荐品类完全不同的商品,就要及时更新标签,提示本期的直播内容。例如,本场直播是日化用品专场,下一场直播是美妆类专场,主播要将每次直播的新标签标注清楚,以吸引更多感兴趣的新用户。

三、平台内付费推广

除通过直播预热和设置直播封面图、标题和标签等方式提高直播权重外,主播还可以直接通过付费进行推广。现在淘宝直播平台支持直通车推广、钻展推广和超级推荐推广三种直播付费推广方式。

1.直通车推广

在传统的淘宝电商运营中,直通车是与单品紧密联系在一起的,所以出现了很多直通车打"爆款"的运营方式。如今，直通车加入了直播推广的功能，主播可在直通车中直接推广直播间，以往用户点击创意图会直接进入商品详情页，而在直通车直播推广中，用户点击创意图以后会进入直播间，而且创意图上会显示"直播中"和"广告"的标识。

2. 钻展推广

钻展又称钻石展位，在淘宝直播中，钻展是最早能进行直播推广的工具，收费方式为竞价排序，按照展现量收费，展现次数越多，收费越多，如果不展现则不收费。钻展的资源位有手机淘宝首页焦点图和直播精选信息流，只要展现了，不管是否有人点击都要收费。钻展可以迅速打响品牌，但是转化率并没有直通车高。因为钻展属于广泛的群体推广，覆盖的人群广，不够精准，有时可能有 1000 次展现量，但一次点击都没有，也就更谈不上转化了。因此，钻展更适合想要传播品牌或有大型活动的店铺。

3. 超级推荐推广

超级推荐是推广直播的重要工具，该工具最初就是专门为了推广直播而设计的，后来功能完善后才增加了商品推广和图文推广等功能。超级推荐的主要付费方式为点击成本（Cost Per Click, CPC），即每产生一次点击所花费的成本，也就是说，只要不点击，就不扣费，其优势在于成本可控。通过超级推荐推广，直播间可以被推送到"猜你喜欢""订阅"和"直播广场"等资源位，实现对直播间的引流。

"猜你喜欢"资源位主要拥有的流量是公域流量，可以覆盖大量潜在用户，流量较大，非常适合为直播间引流、拉新等。一般来说，直播推广在"猜你喜欢"的第 10 个坑位。

"订阅""直播广场"资源位拥有的流量主要是私域流量，其广告展现给粉丝，适合进行粉丝转化、粉丝维护等运营操作，但流量相对来说要少一些。这两个资源位的创意展现形式为原生展现形式，与直播后台同步，不用自行上传创意。

实训操作　发布直播预告

操作方法

❶ 打开淘宝主播 App 并登录淘宝账号，点击"淘宝直播"按钮。

❷ 在下方点击"发预告"按钮，在打开的界面中上传封面图，设置直播标题、直播时间、内容简介等信息。

❸ 选择"频道栏目"选项，在打开的界面中选择要售卖商品所属的频道栏目。

❹ 选择"添加宝贝"选项。

❺ 在打开的界面中选择直播中要售卖的商品，点击"确认"按钮。

❻ 设置定位直播位置，然后点击"发布预告"按钮。

❼ 在PC端发布直播预告的方法：在登录PC端淘宝直播中控台，在左侧侧边栏选择"发布直播&预告"选项，在上方设置直播间类型及屏幕方向，然后设置直播信息并进行发布即可。

任务四　淘宝直播商品的上架与讲解

商品的上架是分享和推荐商品的前提条件，如果不合理上架商品，直播的销量就很难提升。商品上架要符合商品上架逻辑，要尽力提高商品的曝光度，同时借助恰当的商品讲解技巧，提高商品的转化率和销售额。

一、直播商品上架策略

点击直播间的红色购物袋以后，我们可以看到从上向下的商品排列。前10%的商品处于购物袋的热门位置，用户在前几屏就可以刷到。因此，商家在上架商品时要有所侧重，把想要重点销售的商品放在前列，这样才能带来转化率和销售额的提高。

在一场直播中，主播要在直播的不同阶段上架不同的商品。例如，直播一开始，主播要上架印象款，即促成直播间第一次交易的商品，以增加用户对主播及其商品的信任感，进而提高再次进入直播间的概率。印象款一般是高性价比、低客单价的常规商品，特点是实用，人群覆盖面广。

要想快速提升直播间流量，引流款是必不可少的。引流款的价格比较低，毛利率处于中间水平，由于大众具有趋利心理，会因为商品的低价进入直播间。直播的开始阶段，主播可以开展限量"秒杀"活动，如1元包邮、9.9元包邮等，快速提高商品的转化率。

为了增加粉丝量,提高粉丝转化率,主播可以推出福利款,即用户在加入粉丝团以后才能抢购的商品。福利款一般也会采取限时限量的特价形式刺激粉丝购买,如"原价199元,现在'宠粉'价只要59元,1万件限量,先到先得"。

主播还要推出利润款来实现盈利,在整场直播中,利润款要占有很高的比重。利润款一般采用商品组合定价,如套盒套装形式。主播要在直播间人气值非常高的情况下趁热打铁,适时推出利润款,这样更容易提高转化率。

二、直播商品的讲解技巧

直播商品讲解的技巧是关乎直播间营销效果的重要因素。主播可以通过需求引导、引入商品、赢得信任、促成下单四个步骤完成直播商品的讲解。

1.需求引导

需求引导主要是通过挖掘用户需求为引出商品做准备。主播要围绕商品的特点,找出用户购买该商品之后能解决的最核心的问题,然后以自己的亲身经历或朋友的经历为例,叙述用户可能会遇到的问题,这样可以拉近主播与用户的距离。

2.引入商品

完成需求引导后,主播接下来就要引入商品,围绕商品的卖点、使用感受等进行描述,让用户通过各个感官体验感受商品的特色,从而让其内心感觉值得购买,激发其购买欲望。

3.赢得信任

赢得用户信任也是直播营销的关键点。赢得信任的方式主要有三种:权威背书、数据证明和现场体验。

4.促成下单

在经过以上三个步骤的铺垫后,主播可以使用以下技巧来促成用户下单。

(1)展现价格优势。主播可以展示商品的官方旗舰店价格或市场价,与直播间的价格进行对比,营造价格优势,让用户感觉物超所值。例如:"这款洗发水在天猫旗舰店的价格是89元1瓶,今天晚上在我们直播间的用户,享受买两瓶直接减89元,相当于第一瓶89元,第二瓶不要钱,真的是超值……"

(2)限时限量。主播可以通过当前限时、限量对客户友情提醒,用具体的数据营造直播间"秒杀"、狂欢的气氛,让客户跟随着完成购买行为。例如:"现在直播间15 000人,而当前礼品数量有限,只送前1 000名。"在赠送过程中,可以让助理根据客户领取礼品实时数量给客户提示:"还剩500单!""还剩200单!""已全部送完!"

任务五　淘宝直播气氛维护

主播在淘宝直播时不能只顾自己说话，要引导用户热情互动，以提升直播氛围。直播间的热烈氛围可以感染用户，吸引更多的人进入直播间。

一、设置吸睛的贴纸

贴纸是提高商家直播间效率的重要工具，主播在创建贴纸后，可以直观地向用户展示商品信息和店铺优惠信息，减少重复口播带来的时间损耗，为商品讲解留出更多的时间，从而促进购买转化。

贴纸分为文字贴纸和图案贴纸，一般展示主播信息（身高、体重、尺码）、主题活动、优惠购买方式。主播在设置贴纸时要考虑好大小和位置，保证用户看清贴纸信息的同时不要遮住主播，一般把贴纸放在直播画面的两侧。

主播在设置贴纸时要根据自己直播间的背景来选择合适的贴纸。为了让贴纸更吸引眼球，贴纸的颜色与直播间背景颜色要对比鲜明，而且贴纸上的文字不能太小。一般来说，图案贴纸比文字贴纸更有趣，更具个性化。

二、巧妙派发红包

为了活跃直播气氛，增加用户在直播间的互动，主播可以在直播间发红包，给用户具体、可见的利益。主播在发红包之前要先约定时间，提前告诉用户，自己会在5分钟或10分钟之后准时发红包，并引导用户进入直播间抢红包，而到了约定时间，主播或助理要兑现承诺，准时派发红包。为了营造热烈的氛围，主播可以在发红包之前倒计时，使用户产生紧迫感。

在不同的直播间，主播发红包的方式也要有所不同，每个直播间都要有适合自己的发红包方式。

1.在线人数不超过200人的新直播间

在线人数不超过200人的新直播间，由于粉丝量少，不适合运用孤品模式（单款单件，每介绍完一件商品，就让需要的用户打上×，并到某个链接下单）。为了提升直播间的人气，主播可以尝试发红包，解决在线人数太少、无人互动的尴尬局面，同时解决关注增量问题，延长用户在直播间的停留时间。

主播要在介绍完商品，并等待用户互动、拍下订单以后再发红包。这时主播可以这样说：

"好了，现在进入我们的红包环节了，我们要在粉丝群里发放大额红包，没有进群的朋友们赶快进粉丝群！点击直播间左上角主播的头像进去，会看到'关注'和'粉丝群'选项，点击'粉丝群'就能进群了。快来吧，主播马上就要发放大额红包了！"

主播要拿起手机，对着镜头演示如何进粉丝群，然后倒计时10秒，让用户做好准备。例如："我给大家10秒的时间准备，10秒后我就在群里发红包。10,9,8，…，2,1,开始！"在发完红包以后，主播要打开粉丝群，在镜头前展示抢红包的人数。

2.在线人数超过200人的直播间

如果直播间的在线人数超过200人，或者直播间不适合设置粉丝群，主播可以通过支付宝发红包。支付宝发红包的方式有两种，即现金红包和口令红包。

（1）现金红包：

主播一般要在某个节点上发红包，如点赞满2万发红包，而不是整点或每半个小时发一次红包，否则用户可能会等固定节点来抢红包，互动性不高。只有通过用户的互动到达发红包的节点，直播间才会有很热烈的互动氛围。

现金红包的金额不能太少，例如"红包金额200元起，每增加一名关注就增加10元红包"，主播要一边说，一边拿着手机对着镜头演示如何关注，引导用户关注直播间，这一过程可以持续5分钟左右。主播要不断强调发红包的金额，并在镜头下演示，例如，刚开始时是200元，增加一名关注，就输入210元，再增加一名关注，便输入220元，以此类推……主播要在这个时间段内向用户演示如何领到红包，直播助理要在旁边烘托气氛。

发完红包以后，主播要向用户展示抢到红包的人数和金额，强化抢红包活动的真实性，以激发用户更大的参与热情。

（2）口令红包：

口令红包是指在红包中设置输入口令，一般为商品或品牌的植入，接收红包的人在输入口令的同时就对商品或品牌产生了一定程度的印象，并加深了对商品或品牌的记忆。

一般来说，口令红包多采取优惠券的形式，用户在收到红包以后，必须购买商品才能使用红包，否则红包金额就只是一串没有任何意义的数字符号。因此，在抢到红包以后，一些用户会选择购买商品，以免浪费红包，这就提升了直播间的购买转化率。

要想获得更好的营销效果，主播就要对口令红包的使用做出限制，例如，红包必须满足一定条件才能使用（如满99元可使用），且红包必须在限定时间内使用。

三、设置抽奖环节

直播间抽奖是主播常用的互动玩法之一，但很多主播对抽奖的效果并不满意。有的主播觉得抽奖花费了很多时间，影响了卖货的节奏；有的主播认为用户只是为了抽奖，抽奖完便退出直播间，几乎不买货。

这些主播之所以有这种看法，主要是因为他们没有理解抽奖互惠互利的本质。用户能停留在直播间抽奖，这一行为本身就是在为直播间贡献流量，而且用户也在直播间花费了时间，而用户获得利益，就是在用自己的时间和贡献的流量与奖品进行兑换。其实，并不是所有用户在抽奖之后都会立刻离开直播间，部分用户会被直播内容吸引，从而关注主播，甚至产生购买行为。

主播要慢慢培养用户黏性，只要能够增加用户的平均停留时间，就是值得采用的做法。主播在设计抽奖环节时，应遵循以下三个原则。

● 奖品为直播间推荐过的商品，或"爆品"，或新品。

● 奖品不能集中抽完，而要分散在各个环节中。

● 主播要尽量通过点赞数和弹幕数把握直播抽奖的节奏。抽奖环节的具体设置形式主要有 4 种，如表 4-1 所示。

表 4-1　抽奖环节的具体设置形式

抽奖设置形式	说　明	效果和作用
签到抽奖	主播要每日定时开播，在签到环节，如果用户连续七天来直播间签到、评论，并保存好评论截图发给主播，当主播核对评论截图无误后，用户即可获得一份奖品	主播积极地与用户互动，营造热烈的互动氛围，这会让主播和用户的情绪高涨，有利于延长用户的停留时间，进而产生更好的销售效果，形成良性循环
点赞抽奖	主播在做点赞抽奖时，可以设置每增加 2 万点赞就抽奖一次。这种活动的操作比较简单，但要求主播有较强的控场能力，尤其是在做"秒杀"活动时，如果刚好到 2 万点赞，主播可以和用户沟通，承诺在做完"秒杀"活动以后会立刻抽奖	点赞抽奖的目的是给用户持续的停留激励，让黏性更高、闲暇时间更多的用户在直播间中停留更长的时间，而黏性一般的用户会增加进入直播间的次数，直接提高了用户回访量，从而增加每日观看数量
问答抽奖	主播在做问答抽奖时，可以在"秒杀"活动中根据商品详情页的内容提出一个问题，让用户在其中找到答案，然后在评论区评论，主播从回答正确的用户中抽奖	问答抽奖可以提高商品点击率，而用户在寻找答案的过程中会对商品的细节有更深的了解，增加对商品的兴趣，进而延长停留的时间，提高购买的可能性。另外，用户的评论互动可以提高直播间的互动热度

抽奖设置形式	说　明	效果和作用
秒杀抽奖	"秒杀"抽奖分两次：第一次是在主播剧透商品之后，"秒杀"开始之前抽奖；第二次是"秒杀"之后，剧透新商品之前抽奖。主播要把控好抽奖和新商品介绍切换的节奏	主播在剧透商品时要做好抽奖提示，这样可以让用户更仔细地了解商品的信息，增加下单数量，同时延长用户的停留时间

为了更好地引导用户进行互动，将抽奖环节的作用发挥到极致，主播要尽量避免出现以下错误。

（1）无明显告知，用户在进入直播间时无法在第一时间知道抽奖信息。主播可以通过口播、小喇叭公告、小黑板等多种组合方式说明抽奖规则和参与方法。

（2）无规则、随意。主播要明确抽奖的参与方式，用点赞量达到某个标准为规则开始抽奖，避免整点抽奖。

（3）抽奖环节无任何互动。主播提醒用户刷指定的弹幕和评论，以活跃直播氛围，然后启动后台抽奖界面，提醒用户关注主播，提高中奖概率。

（4）抽奖只有一次，或没有节奏。抽奖要有节奏，抽奖一次以后，主播要先公布中奖用户的名单，然后告知下一次抽奖的条件，这样做不仅可以延长直播时长，还可以增加粉丝量。

四、发起互动小游戏

在淘宝直播间发起互动小游戏，可以让直播间的互动率和观看时长大幅度提升。所谓互动小游戏，是指以挑战赛的形式让主播与用户互动，用户点赞会影响主播的分值，而主播挑战成功才能送出福利，主播要通过不断口播和用户形成良好的互动，营造出真正的挑战感、紧张感和综艺感。

五、与名人合作增流

如果说 2019 年是直播电商元年，那么 2020 年就是名人直播电商元年，很多名人直播带货的记录被一再刷新。人设鲜明、综艺感强、直播频次高是名人直播带货步入正轨的标志性特征。目前很多与电商平台合作的名人主播基本可以做到每周直播一次，甚至有的名人可以每两三天就直播一次。

名人直播带货分为三种类型：一是名人做主播，搭配专业助理，推荐与自身专业能力相匹配的商品或符合自身形象的商品；二是名人做客专业主播的直播间，为商品进行广告背书，这是名人直播带货最初级、效率最低的模式；三是名人与网络头部主播合作联合带货，这已经成为直播带货的流行趋势，且"名人＋头部主播"的带货模式通常是主播单人直播数据的 2 倍，让一个晚上的销售额破亿元成为可能。

　　名人与主播的直播间互动可以实现双赢，因为名人的到来会进一步增加主播的粉丝量，并且名人与主播共同宣传，对于提升主播的影响力会有很大的帮助。与此同时，主播也会利用自己的影响力为名人代言的商品进行宣传推广和销售。值得一提的是，头部主播邀请名人进入直播间是主播积累社交资源的重要一部分。

实训操作　直播间互动设置

操作方法

❶ 淘宝直播设置红包

　　中控台→互动面板→红包→创建红包（请使用该页面出现的"创建红包"按钮设置红包）→创建红包模板（请使用谷歌浏览器创建，红包类型选择支付宝红包），然后根据提示创建红包即可。

❷ 淘宝直播设置淘金币红包

　　淘金币红包功能主要是给淘宝商家使用的，天猫商家不要设置。

❸ 淘宝直播设置优惠券

1) 可以先设置好优惠券,然后开播后,选择优惠券发放。也可以先开直播,在直播中创建优惠券。

2) 直播中如何发放/创建优惠券:进入直播中控台,开始直播后,点击互动面板下方优惠券选项,选择已创建的优惠券或者新建一个优惠券(必须设置全网自动推广优惠券,营销工具中心展示的直播优惠券目前功能还不完善,不要使用)。

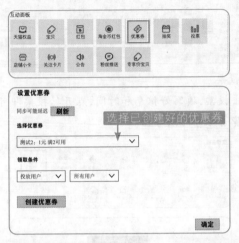

小提示

　　因淘宝直播中控台→互动面板→优惠券→创建优惠券是老的优惠券界面,建议您到商家中心→营销工具中心→优惠券后台提前设置好全网推广的优惠券,后续到直播中控台选择对应的优惠券发放即可。

　　若出现点赞送优惠券无法领取的问题,说明商家是通过天猫权益—点赞有礼里面设置的,建议点赞次数设置低于20次,若点赞次数过多会出现无法领取优惠券的情况。

❹ 淘宝直播设置抽奖

　　直播中控台,点击"抽奖",输入奖品信息及中奖人数,点击"开始抽奖"即可,观看端会显示抽奖倒计时及点击参与抽奖。注意:抽奖发布后不可撤回,抽奖结束后主播可以在后台查看中奖名单和阿里旺旺信息以便安排领奖事宜。

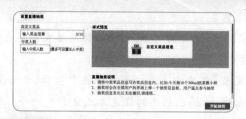

❺ 淘宝直播设置投票

直播中控台点击投票,填写好信息和时间,点开始投票即可。

目前投票的消费者账号无法导出。

❻ 淘宝直播设置店铺小卡

中控台→互动面板→店铺小卡;设置成功后,淘宝直播页面会出现进入页面的
引导卡片,方便消费者直接进入商家的店铺。

为避免频繁发送打扰消费者,目前系统做了限制,10分钟内只能发用一次。

⑦ 淘宝直播设置关注卡片

中控台→互动面板→关注卡片,填写直播间昵称(直播间右上角的昵称)。注意:没有关注的消费者才能收到关注卡片的弹框。

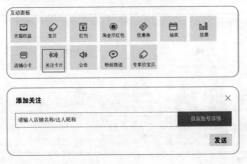

⑧ 淘宝直播如何设置公告(即直播印记)

中控台→互动面板→公告,输入信息设置即可;该公告消费者通过直播间向左滑显示在直播印记中,即直播印记就是中控台设置的公告。

⑨ 设置粉丝推送

中控台→互动面板→粉丝推送;可在每天8:00-23:00推送1条直播提醒给粉丝。

每个用户一天最多能接收2条和他最有关联的开播提醒！如果是当天第2条推送给消费者信息，那么消费者将收不到直播信息提醒。

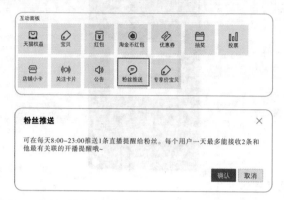

❿ 如何设置直播专享价宝贝

中控台→互动面板→专享价宝贝。

小提示

①直播专享价是单品级优惠，用户只有从直播间进入才能享受价格。

②直播专享价暂不支持添加库存，请商家设置时考虑好需要设置的库存。

③直播专享价计入营销平台最低价，计入天猫最低价。

任务六　淘宝直播粉丝运维

主播通过直播吸引用户并不是最终目的，而是促进直播转化的一个重要途径。主播的粉丝数量增加可以提升直播带货的数据，但要想让带货数据保持稳定增长，主播就要做好粉丝运维，维持粉丝黏性，给粉丝继续关注直播间的理由。

一、了解粉丝的心理特征

淘宝主播要想做好粉丝的运营和维护，就要学会洞察和分析粉丝的心理。一般来说,进入直播间的粉丝主要可以分为四种类型,即高频消费粉丝、低频消费粉丝、其他主播的粉丝和新进入平台的粉丝。

1.高频消费粉丝

高频消费粉丝在特定的直播间有过大量的购买行为,长期在直播间与主播互动,同时喜欢反馈购买情况,因此这些粉丝已经有了稳定且习惯的购物环境和购物预期。

2.低频消费粉丝

粉丝消费频次低的原因有很多,例如,没有看到自己喜欢的商品、不太了解商品等,他们对主播的信任度还不是很高。他们消费频次低很大程度上是为了降低前期的试错成本。再加上主播没有及时引导这些粉丝,或尚未重视这些粉丝,导致这些粉丝感觉自己不被重视,就更加深了与主播的隔阂。

3.其他主播的粉丝

这类粉丝一般会按既定的时间来到他们关注的主播直播间观看直播和购物,但有时也会因为他们喜欢的主播没有直播而到直播广场随意浏览,偶尔进入某直播间。粉丝这时还没有建立对该直播间主播的认知和信任,对主播推荐的商品的质量和售后服务等情况都处于观望状态。

4.新进入平台的粉丝

这类粉丝对直播电商的信任度并不高,只习惯到电商平台通过搜索特定的商品来购买,他们并不太了解直播电商平台的操作规则,即使想购买商品,也不知如何购买。这类粉丝进入直播间往往是因为主播的非电商特点,如搞笑等,甚至有的粉丝是因为不小心点击电商平台的某个链接而进入直播间的。

二、有效提升粉丝黏性的策略

直播电商除注重商品的品质外,更重要的是以人为本,主播要与粉丝互动,在留住粉丝以后加深粉丝的信任,提升粉丝的黏性。主播在进行粉丝运营时可通过以下策略来提升粉丝的黏性。

1.设置粉丝亲密度

粉丝亲密度是指粉丝和主播之间互动的频率指数。设置粉丝亲密度是积累和转化粉丝、提高互动数值的有效方式。粉丝在进入直播间后,只要进行一系列的操作就可以积累分值,在达到一定的亲密度分值后就可以升级为不同等级的粉丝。粉丝等级越高,享受的权益就越大。

2.运营自己的私域流量

主播可以把粉丝引流到私域流量池,例如让粉丝加微信或粉丝群。主播在运营自己的私域流量时,要为粉丝树立正面的形象,打造差异化人格,并不断强化人格属性。打造人格化IP,更容易让粉丝产生亲近感和崇拜感,有利于加强粉丝对主播的信任感和依赖感。

任务七　淘宝直播后期管理

淘宝直播前期和中期完成得再好,后期在物流和售后服务上没有让用户满意,整个直播卖货也会功亏一篑。因此,主播和运营人员要做好物流和售后管理,将用户的购买冲动一直延续到下一次直播。

一、直播商品物流、售后管理

1.物流管理

运用数字化方式,搭建数据平台。数据平台可以很好地帮助商家进行数据分类汇总,把商品下单、包装、运输、签收、评价等方面的信息分类储存,在后期形成庞大的数据库,做成可视化报表,这样管理者便可在终端上查看商品的各项物流数据。

包装和快递公司的选择尤为重要。包装的选择正确与否在很大程度上影响着商品的质量好坏。商家在选择快递公司时,除关注快递价格、运输时效、包裹安全性外,还要关注配送区域。

2.售后管理

客服的表现在很大程度上影响着用户对主播的印象,客服只有为用户提供优质的售后服务,主播才能不断收获更多粉丝,获得长远发展。客服要想为用户提供更好的售后服务,不仅要具备一定的客服经验,还要掌握以下沟通技巧:

(1)确认订单信息。

(2)及时跟踪回访。

(3)回复好评。

(4)合理应对差评。

二、直播数据分析

数据分析是直播运营中不可或缺的一部分,要想优化直播运营效果,提高直播带货的转化率,主播就要学会深耕数据,根据直播数据制定相应的直播方案。

1.在线人数

主播在直播过程中要一边关注数据的变化,一边做好商品的推荐。一般在线人数较多时,游客的占比较大,这时主播要及时引导游客关注直播间,使游客变为直播间的粉丝,此时也是推荐主要商品的关键时刻,主播要做好主要商品的讲解工作。同时,主播可以提前介绍要发送的福利、折扣和优惠券等,并巧妙地预约下一场直播,为下一场直播预热,引导粉丝留存和转化。

2.商品点击量

在分析商品点击量时,主播可以选取以下三个指标。

●商品总点击次数:商品总点击次数越高,说明直播吸引的用户越多,用户购买商品的积极性越高。

●某个商品的点击次数:某个商品的点击次数越高,说明该商品越受欢迎,转化能力越强。如果主播增加推荐该商品的频次,就可以更好地激发用户的购买冲动。

●商品点击次数中的粉丝占比:如果一款商品的点击次数较高,但粉丝点击占比不高,说明这款商品吸引的更多是公域流量人群,即还没有成为主播粉丝的人群,主播可以利用这款商品持续吸引更多的用户成为粉丝。

3.直播转化率

直播转化率是指所有到达直播间并产生购买行为的人数和所有到达直播间的人数的比率。

4.直播渗透率

直播渗透率是指直播销售额和店铺销售额的比率,这项数据从侧面反映出直播对店铺的重要程度,直播渗透率越高,直播对店铺就越重要。

5.直播访客占比

直播访客占比是指直播访问人数与店铺访问人数的比率,主播可以从这项数据中看出每天店铺访客中有多少人是从直播间导入的。如果直播访客占比较低,就说明直播间的私域和公域曝光都不够,没有吸引到更多的用户通过直播下单。

6.直播UV价值

直播 UV 价值是指平均每一个访客所产生的价值,即直播销售额与直播访客数的占比,这是直播间运营成果的综合评测指标。直播 UV 价值越高,说明直播效果越好,直播带货能力越强,该直播间的商业价值也就越高。

三、直播内容二次传播

主播不仅可以通过分享直播间来进行直播预告,还可以通过分享直播内容进行二次传播,从而扩大直播的影响力。

1.分享到微博

淘宝网和微博是深度战略合作关系,目前不仅打通了图文和短视频的合作,还可以同步两个平台的直播间,从而实现一场直播双平台分发。

2.分享到微信和QQ

在直播过程中,主播还可以点击直播间的"推广"|"分享直播间"按钮,把直播间分享到微信和QQ,邀请好友进入直播间。

模块五　抖音直播

　　抖音是一个典型的内容电商平台,主要的变现渠道有广告、电商和用户付费,而直播是内容电商的变现形式之一。在开通直播之后,导购变得更加便利和简单。商家和主播要做好直播内容的定位,向用户提供有价值的内容,从而吸引越来越多的用户关注。

任务一　抖音直播平台认知

抖音是由今日头条孵化的一款音乐创意短视频社交软件，于 2016 年 9 月 20 日上线。随着平台的不断发展，抖音的用户量不断攀升，2018 年抖音正式启用全新的品牌口号"记录美好生活"，强调平台的普适性。

一、抖音平台的特点

1.短、平、快

抖音短视频的时长一般很短，创作周期短，制作门槛低，每个人都可以创作，而且视频的浏览速度快，在 10 ~ 20 秒。

2.用户群体量大

抖音平台的用户群体量大，截至 2020 年 9 月，连同抖音火山版在内，抖音的日活跃用户量突破 6 亿。

3.能够进行精准推送

抖音平台可以利用画像分析用户的兴趣爱好，进行有针对性的推送，这不仅能减少对用户的干扰，还可以帮助广告主找到精准用户。

4.霸屏模式

抖音采取霸屏阅读模式，降低了用户注意力被打断的概率，而且抖音没有时间提示，用户在观看视频时很容易忽略时间的流逝。

5.互动性强

抖音会定期推出视频标签，引领用户参与到同一主题视频的创作中。这些视频标签激发了用户的创作灵感，用户创作出来的内容具有很高的参与感和娱乐性，被其他用户分享的概率也大大提升。

二、抖音直播用户的特点

抖音直播用户的特点如下。

●年龄分布：抖音直播在用户年龄分布上呈现出年轻且均衡的趋势，没有极端化现象，其中，18 ~ 25 岁的人占比 31.9%，26 ~ 30 岁的人占比 33%，31 ~ 40 岁的人占比 20%，40 岁的人以上占比低于 10%。

●性别分布：虽然女性是直播用户中的主力军，但直播的男性用户占比也不低，男性占比 37%，女性占比 63%。

三、抖音直播流量分配规则

运营抖音直播，了解抖音直播的流量分配规则是很有必要的。抖音直播流量分配规则主要体现在以下两个方面。

1.流量入口

抖音直播目前有 3 个流量入口，分别为附近的人、直播广场和短视频。

●附近的人：主播在开播后，系统会随机推送给附近的人，所以附近的人在刷抖音时会看到主播的直播，如果感兴趣，就有可能点击进入直播间。因此，为了获得更精准的流量，主播可以修改定位，把定位改为目标用户群体比较集中的地区。

●直播广场：用户在直播广场中可以查看所有当前正在直播的直播间，点击对应的页面就可以进入其直播间界面。用户可以通过上下滑动来快速切换不同的直播间界面。

●短视频：当主播的短视频上热门以后，用户在看到热门短视频时，也会看到账号正在直播的提示，从而通过这个入口进入直播间。只要抖音在短视频上的定位不会改变，对于绝大多数的直播间来说，通过短视频向直播间引流的模式，不管是现在还是未来，都将是最大的公域流量来源。因此，主播可以在直播之前发布一条短视频，以增加流量入口，提升直播被用户看到的可能性。

2.活动排名

在抖音举办电商活动期间，拥有购物车功能的账号可以通过带货效率的比拼，竞争榜单排名，并获得相应的流量奖励。在活动期间，所有带购物车的直播间的右下角都会出现活动横幅（Banner），点击即可进入活动页面。榜单按热力值高低排序，热力值根据直播间的点击商品跳转购买量、直播时长数据综合测算。

抽奖、限时"秒杀"、优惠券和口播引导都是很好的直播技巧，可以有效提升转化率。在活动期间，平台会在满足一定基础条件的账号中随机抽取部分成为"幸运主播"，"幸运主播"在活动期间连续完成每日 120 分钟的主播任务，即可在活动结束后获得 DOU+ 流量奖励。

四、抖音直播电商的特点

与淘宝网在 2016 年开始布局直播领域相比，抖音在直播带货领域进场稍晚。2018 年 5 月，抖音正式开始电商商业化，而现阶段主要依靠"网红"和名人带货。

抖音本质上是一个娱乐性较强的社交内容平台，自带流量优势，强大的流量赋予抖音较低的直播获客成本，使其形成了较大的竞争优势。在入局电商后，抖音持续探索流量变现路径,目前已形成以直播、兴趣点、购物车和抖音小店为核心的产品矩阵,连接线上与线下,赋能直播商家。

任务二 抖音直播权限的开通与人设打造

一、开通直播权限的条件

抖音直播有两种形式,即抖音内容直播和抖音直播带货。抖音内容直播的开通很简单,只要完成实名认证就可以直播,主播在直播间可以分享内容,如唱歌、跳舞、知识和干货等。

主播要想在抖音直播带货,不仅需要开通直播功能,还要开通直播带货权限。在开通这两个权限以后就可以直播带货,在直播间挂上商品链接,通过卖货变现。抖音直播带货权限的开通需要达成以下两个条件:一是个人主页的视频数(公开且审核通过)不得少于10条,二是账号粉丝数不得低于1000个。对于新手来说,较好的"增粉"方式如下:大量关注别人,别人在看到以后有可能回粉;加入互粉群,互相关注;多参与热门短视频的点赞、评论,如果评论很精彩,也会吸引到用户关注;提升作品的质量,通过原创优质作品吸引用户关注,如果打造出一个"爆款"短视频,新增粉丝数量十分可观。

开通直播带货权限以后,主播可拥有个人主页商品橱窗功能,支持在视频和直播中添加并分享商品;拥有个人主页视频置顶功能;支持在PC端登录达人管理平台,回复消息,设置私信自动回复、私信自定义菜单,查看账号运营数据,以及置顶评论等。

二、主播人设的打造

在当下的直播电商时代,一个良好的人设定位有助于主播脱颖而出,因为基于人设定位形成的个人品牌代表了知名度、认可度,也代表了个人的信誉和口碑,有助于用户了解主播。主播的人设越鲜明,就越能获得用户的认可,由此提升个人影响力,带来流量,放大个人的价值。主播在打造人设时要根据自己的爱好及特征用一两个关键词来定位,使用两三个标签即可。主播的人设一般分为以下四种。

1.专家人设

主播在面对新的用户时,若想吸引用户关注直播间并时常来观看直播,就要增强用户的信任度,而专家的人设可以利用权威效应来增强新用户对自己的信任度。

但是，要想定位于专家，主播就要持续地进行专业内容输出，强化用户的认知。专家人设的门槛较高，一般需要机构或职称认证，并有专业技术支持，所以很难批量复刻，但这类人设可以在短时间内获得用户信赖，更容易促成转化。例如，抖音账号"老爸评测"就是采用专家人设，其直播技术感十足，每周一个主题，在直播中公布评测结果，有专家现身讲解、技术人士亲身示范等环节，权威感很强。

2.达人人设

达人人设对专业背书的要求不高，但建立人设需要前期运营，需要有丰富的内容为人设做铺垫。

主播要想打造达人人设，就要在一个垂直领域做精做深，切忌在多个领域跳转，否则，多领域尝试不但不能通吃，反而会降低自己的权威性。例如，抖音账号"种草丛"的人设就是"居家小能手"，从家居收纳到锅碗瓢盆，生活中的每个细节都有对应的妙招，主播会推荐一些新奇好物，而这种对"向往的生活"的展示增强了商品"种草"的说服力。

3.低价人设

低价人设分为两种：一是背靠货源地，如生鲜水产、珠宝玉石等，用原产地现货、没有中间商等优势来强调自己商品的物美价廉；二是背后有强大的供应链支持，可以打通链路中的各个环节，能最大幅度地让利给用户。某些主播拥有大面积的仓储基地，或在各大品牌总部直播带货，用全网最低价吸引用户。

4.励志人设

励志人设很容易与用户建立起深层的情感认同，这类人设的重点在于对人有情有义，对粉丝一片赤诚之心，对弱势群体充满爱心，对不良现象重拳出击。这种人设与用户之间的情感链接会吸引有着相同或相似经历的用户，他们怀着同情、敬佩或羡慕的情绪，在这个大家庭氛围中抱团取暖。这种情感链接一旦形成就很难被打破，粉丝黏性非常强，粉丝会形成惯性，直播转化率很高。

任务三 抖音直播引流

提高直播间商品的转化率并非易事，首先最基础的就是直播间要有流量和人气，而要想解决直播间的流量问题，主播就要掌握直播间引流的技巧，这样才能有源源不断的流量进入直播间。

一、发布直播引流短视频

主播一般要在开播前 3 小时发布短视频为直播预热,这样在开播时将会有更多的用户进入直播间。短视频预热的方式主要有以下五种。

1.短视频常规内容+直播预热

"短视频常规内容 + 直播预热"方式是指在短视频的前半段输出与平时风格相同的垂直内容,吸引固定的粉丝观看,然后在后半段进行直播预热。主播不要直接在一开始就告诉粉丝自己要直播,而要像往常一样输出垂直领域的内容,只是在快要结束的时候才宣布直播的主题和时间。

2.纯直播预告

纯直播预告是主播采用真人出镜的方式,通知用户具体的开播时间。这种形式可以给人更真实、更贴近的感觉。

3.添加利益点

对于没有关注主播的用户来说,如果主播的话在直播预热视频中没有强大的诱惑力,他们是很难进入直播间的,所以主播可以在视频中添加利益点。例如,主播会在直播间抽奖,奖品有品牌包、新款手机、新上市的护肤品等。这样可以激发用户的兴趣,使其定时进入直播间。

4.视频植入直播预告

主播可以在日常发布视频时植入直播预告,让用户在不知不觉中对直播时间和直播主题有了印象。

5.发布直播片段视频

开直播之前发布直播片段,为即将开始的下一场直播引流造势。

二、直播封面图、标题的设置

除在前期发布的直播预告以外,直播封面图和标题也会影响抖音直播间的人气。

1.直播封面图

(1)封面图干净、清晰。

(2)封面图要与直播内容有所关联。

(3)直播封面图不能低俗。

(4)不要频繁更换封面图。

(5)封面上的文字要简洁。

2.直播标题

（1）巧借数字。

（2）提出疑问。

（3）提供价值。

三、平台内付费推广

除发布短视频直播预告，利用直播封面图和直播标题引流外，主播在抖音平台直播时还可以通过付费对直播间进行推广。

1.投放DOU+

抖音平台对 DOU+ 的定位是一款专门针对内容创作者的内容加热工具。DOU+的投放门槛很低，只要是抖音的注册用户，最低花费 100 元就可以投放 DOU+。

投放 DOU+ 时，既可以选择在开播前预热投放，即短视频预热，也可以在直播过程中根据实时数据选择定向投放，即直接"加热"直播间。

短视频预热是通过短视频的曝光来带动直播间的人数，多了一层转化。例如，主播在直播前发布一条直播预热视频，然后对预热视频投放 DOU+。很多人看到预热视频，其中有一部分会点进直播间，这样就完成了引流目的。

直接"加热"直播间的优势在于用户进入直播间以后无法进行上滑操作，只能点击"关闭"按钮才能返回推荐页面，这就提升了用户的留存率。

直播 DOU+ 主要是提升用户进入直播间后的互动数据，包括给用户"种草"、用户互动、直播间"涨粉"、直播间人气等，其中给用户"种草"这一维度只出现在带货直播中。要想优化直播 DOU+ 的投放效果，主播也要在以下四个方面下功夫。

●给用户"种草"：设计"宠粉"商品、"爆款"商品，引导用户点击购买。

●用户互动：多提问，引导用户互动，如"在屏幕上扣1"。

●直播间"涨粉"：发红包吸引关注、话术引导、设计"宠粉"商品。

●直播间人气:优化直播间的布置，开启连麦进行多人互动，增加用户的停留时长。

2.投放FEED流

FEED 流是专门给直播间投放广告，无须上传视频素材，在推荐信息流直接展现实时直播内容的推广方法，这是帮助商家提升直播间流量获取和转化能力的一种商业玩法。因此，个人主播是不能投放 FEED 流的，投放 FEED 流的主体仅限企业或个体工商户。如果个人主播想投放这种广告，可以与有资格的广告开户账户绑定，但直播中所推商品也必须属于该小店。

传统信息投放一般通过优化素材来提高转化率,然后增加投放预算,但在 FEED 流投放中,落地页直接就是直播间,所有的二级转化目标都要在直播间完成。这对直播间环境、主播能力、引导转化的话术有较高的要求。因此,主播在投放 FEED 流之前应当先提升自己的直播能力。

FEED 流采用的是广告竞价投放模式,投资回报率是最核心的考核目标,直播间环境和主播能力是最重要的条件。除需要具备能稳定进行转化的重要条件外,投放 FEED 流还需要有充足的预算和最起码的信息流相关产品的操盘能力。

在开抖音直播之前,除提前发布短视频进行直播预热外,还可以根据开播计划预告直播时间。

实训操作　预告直播时间

操作方法

❶ 打开抖音后,点击页面下方的"加号"图标。

❷ 点击后,选择"开直播"的选项进入。

❸ 进入直播界面后,点击"设置"选项。

❹ 点击后,选择下方的"直播预告"选项。

❺ 在设置界面,选择直播的时间,点击保存。

❻ 在预告内容框中输入直播内容,点击保存。

❼ 保存成功后,即可设置预告直播时间。

任务四 抖音直播商品的上架与讲解

一、直播商品上架策略

商家要对每一个出现在直播间的商品进行定位，分析它们的销售潜力。根据商品的销售潜力、作用功能、库存状况、品类定位等分类，主播可以了解商品的定位。商品的分类与定位如表 5-1 所示。

表 5-1 商品的分类与定位

商品分类依据	商品分类	商品定位
销售潜力	热销款	抖音小店的主力销售单品，属于抖音小店销量前列的热门"爆款"
	平销款	销售能力尚可，具备提高转化率的潜力，可以在某些时候代替热销款
	滞销款	销售能力不足，转化率不高，属于冷门款
作用功能	引流款	性价比高，可以为抖音小店引流，点击率高
	"秒杀"款	提高转化率，以"秒杀"降价的利益点带动销量
	利润款	增加抖音小店利润的单品，尽管转化率一般，但毛利较高
库存状况	深库存款	库存较多，如果销售受到影响，会带来库存风险
	清仓款	库存较少，一般存在库存不足的风险

续表

商品分类依据	商品分类	商品定位
品类定位	主营类目款	抖音小店重点经营的商品
	次要类目款	与主营类目连带销售，与主营类目商品有很强的关联性

当然，商品的定位并不是唯一的，有些商品既是抖音小店的热销款，又是"秒杀"款，而滞销款也可能是利润款。在不同的营销阶段，商家要根据营销目标进行商品的定位或转换定位。由于商品可能存在多种销售目的，商家要对商品进行深度了解，灵活判断商品在不同阶段的定位。

为了提高不同阶段商品的转化率和销售额，商家要对抖音小店进行精细化运营，让上架的商品能够满足平台营销玩法的需求。因此，商家要了解不同阶段的不同目的，重新定位商品，调整商品的位置。

1.日销小促阶段

为了促使更多用户来直播间购买商品，商家可以在直播间自建营销活动，实现日销状态下的销量小高峰，这时可以把直播间看作抖音小店的促销专区。日销小促可以为抖音小店积累日常流量，促进该阶段的新用户引流，提高粉丝的复购率，用日销"爆款"推动抖音小店整体销售额增长。

在这个阶段，上架商品的种类、数量占比和作用如表5-2所示。

表5-2　日销小促阶段上架商品种类、数量占比和作用

商品种类	数量占比	作　用
热销款	50%	引流，保证基础销量，主播可做详细讲解，主要用于留存直播间的新用户
"秒杀"款	30%	培养用户的观看习惯，用低客单价的商品冲销量
平销款	20%	每天都有新款，让粉丝每天都有新鲜感，同时拉动店铺的销售额

2.上新阶段

由于直播具有强大的带货能力，能够为商品带来足够多的展现量，所以直播是做新品孵化启动的重要渠道，如果抖音小店已经积累了一定数量的粉丝，在直播间推新品时就具有巨大的优势。

在上新阶段，商家要把购物袋中最前排的位置留给新品，因为购物袋的前排位

置更容易获得用户的关注。具体的上架商品种类、数量占比和作用如表5-3所示。

表5-3 上新阶段上架商品种类、数量占比和作用

商品种类	数量占比	作　用
抖音小店新款	60%	当场主推新品，详细介绍，高频露出，提升直播间的商品丰富度
引流款/利润款	30%	具有引流和保证销售额的作用，在推荐商品时与新品相结合，配合新品带动销售
"秒杀"款	10%	用于上新1小时前的预热动作，给粉丝提供福利，拉回有意向购买的粉丝来直播间购买新品，提高复购率

3.排位赛活动阶段

商家可以通过参与不同类目和不同项目的排位赛来实现大促预热和促销转化的目的。在排位赛期间，用户可以在直播间点击进入榜单，在榜单上看到冲榜前列的商家，然后一键跳转到商家的直播间。也就是说，只要商家能进入榜单前列，就可以获得一定的公域流量，能够促进拉新。

在这一阶段，具体的上架商品种类、数量占比和作用如表5-4所示。

表5-4 排位赛活动阶段上架商品种类、数量占比和作用

商品种类	数量占比	作　用
直播专享价款	50%	以直播专享价来打动用户，提升转化率，营造冲榜的氛围
热销流量款	40%	具有引流和保证销售额的作用，主播要重点讲解，为拉新带来更好的成效
"秒杀"款	10%	吸引粉丝回流，设置几个流量的高峰点，刺激阶段性销售，截留新粉

排位赛的玩法更灵活，也更复杂，在这个商家比拼的擂台上，商家要在直播过程中实时监测数据，努力学习榜单前列商家的策略，提高直播间的直播效果。

二、直播商品的讲解技巧

电商直播与秀场类直播不同，它主要的目的是卖货，所以主播要善于介绍商品，挖掘出商品的特点和优势，并用轻松、自然的语言吸引用户留在直播间，提升转化率，而不是重复那些用户在商品详情页就能看到的信息。

实训操作 直播互动设置

操作方法

❶ 在抖音直播间下方点击"互动玩法"按钮。

❷ 在弹出的界面中可以选择多种互动玩法,然后点击"福袋"按钮。

❸ 在弹出的界面中设置人均可得抖币、可中奖人数、倒计时、参与方式等,然后点击"发起福袋"按钮。

❹ 此时,直播间的用户通过发送参与口令信息即可参与抢福袋,倒计时结束后可以看到幸运用户名单。

❺ 在直播间右下方点击"更多"按钮,在弹出的界面中点击"评论"按钮。

❻ 打开"弹"选项,输入评论内容,然后点击"发送"按钮。

❼ 此时,直播间中就会滚动出现此条评论。

❽ 在直播间下方点击"装饰美化"按钮,在弹出的界面中可以对直播间进行美化设置,还可以使用道具、贴纸、手势魔法,以及变声器等。

❾ 在直播间下方点击■按钮,在弹出的界面中可以设置与其他在线主播视频连线。

❿ 在直播间下方点击"用户连线"按钮,在弹出的界面中点击"聊天室"按钮。

⓫ 此时,即可开启语音聊天室,主播可以看到用户连线的申请消息或邀请用户连线。点击"设置"按钮,在弹出的界面中设置聊天室。

⓬ 与用户连线成功后,就可以在直播间进行语音交流了。点击右侧的用户头像,在弹出的界面中可以设置静音或断开连线。

任务五　抖音直播粉丝运维

吸引用户关注、增加粉丝数量并不是抖音直播营销的最终目的,主播应当在吸引用户关注以后继续保持甚至提升直播间内容的精彩度,提升粉丝的转化率,只有这样才能获得满意的直播营销效果。

一、增加粉丝停留时长

留住粉丝是所有直播电商平台都需要考虑的问题,因为粉丝在直播间停留的时间越长,越有可能产生互动,进而产生销售转化。

要想增加粉丝停留时长,抖音主播可以在以下几个方面做出努力。

1.打磨直播内容

用户只会对有价值的内容感兴趣,只有优质的直播内容才能吸引更多用户在线驻留观看。因此,主播要在直播间中增加干货内容,通过分享专业知识和日常难题的解决方法来留住粉丝。

2.发放奖励红包

主播可以时常给粉丝发放奖励,条件是观看直播达到相应的时长。如果粉丝对直播的内容很感兴趣,一般会驻留观看,而这时为粉丝提供奖励红包,就强化了粉丝与主播的联系,这种正向刺激会大大增加粉丝停留在直播间的时长,为之后的销售转化提供基础。

3.互动抽奖

在直播间做抽奖活动既能活跃直播气氛,激发粉丝的参与感,又能为粉丝带来利益,吸引粉丝互动,增加粉丝停留时长。抖音直播间的互动抽奖有以下几种方式。

●评论截屏抽奖:主播选择一个固定的关键词,号召粉丝在评论区不停地刷关键词,主播随机截屏,抽取其中几名幸运粉丝给予奖品。为了做到公平、公正,主播要拿出手机对准镜头截图,并现场公布中奖名单。

●整点、半点抽奖:这种抽奖方式比较简单,基本每隔30分钟到1小时进行抽奖,粉丝到点抽奖即可。对于粉丝来说,直播内容的吸引程度或许已经足够,但整点、半点抽奖可以为粉丝提供期待感,且由于损失规避心理,粉丝不愿意离开直播间,这就增加了粉丝的停留时长。

●答题抽奖:如果直播气氛不活跃,粉丝在直播间感到无聊,自然就没有停留的欲望了。主播可以随时用竞猜答题活动来活跃直播氛围,增强和粉丝间的趣味互动。竞猜答题的抽奖方式很简单,让粉丝在评论区回答,主播给最先答对的粉丝送出奖品。

二、提升粉丝转化率

转化率是指期望行为人数与总人数的比率,而粉丝转化率则是指在总体粉丝中,做出购买行为的粉丝数量与全部粉丝数量的比率。提升粉丝转化率的关键在于如何留住粉丝,并促使粉丝做出购买决策。

1.下单抽奖

主播可以在直播过程中提前公布奖品,并限定抽奖的条件,例如“只有下单了的粉丝才能参与抽奖,满300元可获得两次抽奖机会”。主播通过这种方式引导粉丝下单购买商品并抽奖,最后在下播前公布中奖名单。

2.饥饿营销

饥饿营销就是将商品限量限时供应,制造出供不应求的感觉,以维护商品形象,并维持商品的较高售价和利润率的营销策略。例如,一款商品有1000件库存,在直播间做"秒杀"活动。直播过程中,随着粉丝的抢购,主播和助理一直在口播剩余的商品数量,为粉丝营造了紧张的购物氛围,制造了"有人在争夺便宜和实惠"的感觉,这会加快粉丝做出购买行为的速度。

3.发送粉丝券

粉丝券是主播在直播间发放的,仅限粉丝领取的一种定向优惠券。粉丝券本质上是商家优惠券,成本由商家承担,需要商家自行创建,与商家创建的其他优惠券不可同时使用。

粉丝券有助于主播在直播时将直播间的用户转化为粉丝,提升直播间的涨粉能力,并增强粉丝的黏性。由于粉丝在领取粉丝券以后必须在规定时间范围内选购粉丝券可用商品,并符合粉丝券使用条件才可使用该粉丝券,所以粉丝为了不浪费粉丝券,很有可能会前往特定页面购买相应的商品,这就提升了粉丝的购买转化率。

三、增强粉丝归属感

主播如果能让粉丝产生归属感,粉丝黏性就会得到增强,从而让粉丝长期关注直播间,并自发地帮助主播烘托直播间的气氛和控场。

增强粉丝归属感的方法主要是引导用户加入粉丝团。用户只要关注主播,头像右侧就会出现"加入粉丝团"的提示,并很快变成一个图形标志。粉丝点击加入粉丝团,即可看到粉丝特权,支付1抖币后即可加入。

用户加入主播的粉丝团后,不仅可以在直播间享受粉丝权益,还可以通过粉丝团任务提升自己和主播之间的亲密度。用户加入主播粉丝团的主要目的是得到主播的关注,让自己在直播间有更多的存在感和归属感。加入主播粉丝团的粉丝拥有粉丝团成员的专属粉丝徽章,且在直播间聊天时可以展示特殊的昵称颜色,还可以发送特殊样式的弹幕,拥有特殊的进场特效,这让其更容易获得主播的关注,增加了与主播互动的机会。加入粉丝团的粉丝还可以获得粉丝团专属福利,参与粉丝福利购,以低价格买到合适的商品,而且提出的问题也会被主播优先解答。

另外,很多主播会给自己的粉丝团或长时间看自己直播的人起名字。起名字的方式,可以让粉丝产生归属感,从而建立与主播的长期联系。

除了粉丝团,主播在下播之后是没办法看到自己粉丝团的成员的,所以主播一般会创建粉丝群,把粉丝引流到自己的私域流量池,随时随地与粉丝互动,为粉丝提供专属内容,并定期举办线下活动,提升粉丝的黏性。

实训操作　创建粉丝群

操作方法

❶ 打开抖音"创作者服务中心"界面,在"我的直播"选项区中点击右上方的"主播中心"按钮。

❷ 打开"主播中心"界面,选择"粉丝群管理"选项。

❸ 在打开的界面中点击"创建群聊"按钮。

❹ 此时即创建了自己的粉丝群,点击右上方的一按钮。

❺ 在打开的界面中点击按钮。

❻ 在打开的界面中选择要加入粉丝群的用户,然后点击"完成"按钮。

实训操作 发放粉丝券

操作方法

❶ 在PC端登录抖音小店后台,并进入营销中心页面,在左侧"营销工具"选项区中单击"优惠券"选项,然后在右侧单击"新建批次券"按钮。

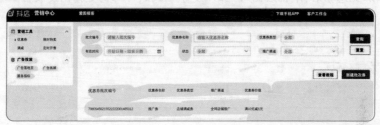

❷ 在打开的页面中选择渠道,在此选择"粉丝专享券"渠道。如果是合作达人开播,可以选择创建"达人定向券"。

❸ 设置优惠券信息,然后单击"提交"按钮。

❹ 登录抖音电商"巨量百应"后台,在左侧"直播管理"中选择"优惠券管理"选项。

❺ 在右侧设置添加定向券到直播间,选择要添加的优惠券,然后单击"添加到直播"按钮。

⑥ 添加优惠券后,单击右侧的"立即发券"按钮,即可向直播间发放粉丝券。

任务六　抖音直播气氛维护

抖音主播在直播时不能毫无激情地自顾自说话,更不能沉默不语,要用各种方法来引导用户热情互动,在活跃直播氛围的同时感染用户,吸引越来越多的人进入直播间观看直播。

一、运用平台工具进行直播互动

在引导用户互动时,主播可以充分运用抖音平台的各种工具,其中连麦是使用率较高的互动工具。连麦的玩法有三种,分别是账号导粉、连麦 PK(挑战)和与粉丝连麦。

1.账号导粉

账号导粉是指引导自己的粉丝关注对方的账号,对方也以同样的方式回赠关注,互惠互利。在引导关注时,主播可以夸奖或"吐槽"对方主播,给自己的粉丝关注对方的理由。同时,主播还可以引导自己的粉丝去对方的直播间抢红包或福利,活跃对方直播间的氛围。

2.连麦PK

连麦 PK 时,主播选择的对象最好与自己的粉丝量相近,这是连麦合作的前提。如果双方选择的商品是互补的,这样就能最大化引流,增加双方的销售额。如果主播和 PK 对象是同一个领域的,粉丝本身具备一定的重叠度,就很难满足粉丝的多重选择需求，容易流失粉丝。因此，如果主播没有很强的能力引导对方粉丝关注直播间，进而提升购买率，那么不建议选择直播商品一致的主播连麦PK。

连麦PK在一定程度上是资源置换，相当于增加一个曝光的广告位。因此，主播要把握好短时间曝光，给对方粉丝送福利，通过福利引导对方粉丝关注，为自己的账号"增粉"。

连麦PK结束后，连麦并不会主动断开，除非一方主播主动切断连麦。主播要利用好连麦PK结束后的时间，继续保持和双方粉丝的互动，尤其是对方粉丝，可以送出一些福利，引导他们加入粉丝团或关注领取；也可以选择表演一些才艺，突出自己的人设，给对方粉丝一个关注你的理由。

3.与粉丝连麦

主播与粉丝连麦可以有效地解决直播间转化和互动的问题，但需要注意的是，主播解答的问题要有普适性，在与粉丝连麦时要兼顾未连麦但在看直播的其他粉丝。例如皮肤问题，油皮、干皮和混合皮这种大方向的问题更合适与粉丝连麦的方式解答。主播与粉丝连麦的时间也要控制好，3～5分钟为宜，有针对性地解决问题即可，不要过于啰唆。主播可将与粉丝连麦常态化，作为直播的固定答疑板块，这样一方面可以增强主播的专业人设，另一方面可以通过讲解加深连接，有利于直播间的购买转化率。

二、品牌商/企业领导助播增流

很多品牌商和企业的领导看准了直播的影响力和营销力，纷纷开始站到直播镜头前侃侃而谈，且大多数企业领导所参与的直播获得了巨大的成功。企业领导亲临直播间助播增流，也在一定程度上增强了主播的影响力。

三、做好直播控评

无论主播做得多好，直播间里也总会出现不喜欢直播内容或单纯想要发泄情绪的人，这些人可能会"鸡蛋里挑骨头"，在直播间说出一些不文明或极端的话，这会对直播氛围产生非常不好的影响，影响其他用户的观看体验。

因此，主播要做好直播控评工作。控评就是控制评论内容，为了防止直播间内出现不好的言论或某些不怀好意的人胡乱带节奏，主播可以在开直播之前进行设置，运用设置屏蔽词的功能，输入想要屏蔽的关键词，以此来消除可能会出现的不良信息，避免直播间的评论被不良信息带偏，打乱直播节奏。

任务七　抖音直播后期管理

抖音直播后期管理包括直播商品物流管理、售后管理、数据分析和直播内容的二次传播，这些都为商家的直播带货提供了支持，并进一步扩大了商家的电商直播影响力。

一、直播商品物流、售后管理

购买商品以后，抖音直播电商就进入物流和售后阶段。商家可以充分运用后台进行物流管理和售后管理，以提高工作效率。

1.物流管理

商家后台在物流模块有包裹中心功能。如果已发货的订单中出现物流轨迹异常，商家应及时关注和解决。在遇到发运超时、中转超时、签收超时、包裹存在问题等情况时，包裹中心都会向商家提示预警，提醒商家及时联系快递公司处理问题。

> **小提示**
>
> 抖音物流管理包括是否按时发货，有无发货异常，有无假货，超时等情况。应注意事项：①若发运超时，订单会被关闭。②用户在下单后150天内未进行发货也未进行退款的订单，订单关闭后，还将被扣减10元保证金，商品被封禁。③多次违规，店铺还存在着停业甚至清退的风险。
>
> 提高店铺的物流管理分，提高发货效率的方法：①如发货时间无法保证，在设置发货失效时，尽量以你能发货的时效为准，不要把做不到的事情给消费者承诺。②订单多的情况下，学习使用批量出货功能，可以有效提高出货速度。③关注物流异常信息，及时与用户取得联系。

2.售后管理

（1）不拖延、不推辞。可以开通极速退款助理来处理退款订单；售后出现质量问题，快速取证并提供解决方案；售后快速与物流公司对接，确认快件情况；必要时可以电话沟通，比在线沟通更有效率。

（2）回复及时且专业。对售后问题，及时响应，了解用户需求，提出准确、明确的解决方案，必要时采用自动回复，避免客户等待售后服务接待。

（3）有针对性地解决问题。把握顾客需求：是要换产品？退款不退货？需要赔偿吗？还有其他要求吗？根据自己的实际情况及客户的需求制定解决方案，对用户问题完美解决后可以邀请用户给予好评。

二、直播数据分析

在直播数据复盘的过程中，主播必须进行数据分析。这些指标是制定直播优化策略的基础，这些数据的复盘，对直播转化率的整体增长至关重要。

1.直播销售额

销售额是最能体现直播带货能力的数据指标，但是需要综合分析一段时间内的数据走向，才能更真实地反映主播的直播带货力。可以监控抖音账号近30天的带货直播数据，从每场直播的预估销量和销售额，可以看出一段时间内的直播带货效果是否稳定。一旦出现数据下滑的趋势，就要找出原因，尽快调整策略，才能保证直播数据的稳定性。

2.直播转化率

直播间观众如果对商品感兴趣的话，一定会有点击购物车查看商品详情的操作，这一点可以通过直播中出现的"正在购买人数"弹幕来体现。

在【直播监控】中，可以查看直播间正在购买人数的变化趋势，快速了解哪一款商品上架期间的购买人数较多，从而可以侧重推广该商品，同时还可以在返场时再次介绍，提高商品的转化率。

3.直播观众留存率

用户在直播间停留的时间越久，说明直播间的内容越有趣。直播间的人气高，系统就会把你的直播间推荐给更多的人看，这和抖音视频的推荐机制是相似的。所以，留住直播间的观众，提高观众留存时间对于直播间上热门是有很大帮助的。

4.直播间用户画像数据

直播间的用户画像是抖音直播电商需要分析的关键数据，带货就是基于直播间用户的需求进行的。直播间的用户画像包括年龄、性别、兴趣、来源等，掌握了这几个数据，无论是进行选品还是直播间的优化，都能找到切入点。比如直播观众大部分是30岁以下的女性，那么服饰、护肤等商品就可以成为直播间选品的方向。通过兴趣分布，还能进一步缩小范围。

5.直播互动数据

通过直播观众的互动数据是可以看出用户的购买倾向和主要需求的，其中最主要的就是弹幕词。通过弹幕词数据，可以知道粉丝都喜欢聊什么，下次直播的时候就可以多准备一些相关的话题，来调动直播间气氛。也可以知道观众对哪些商品的兴趣比较浓，在之后的直播中可以进行推广。

6.在线高峰人气和平均人数

这两个数据决定了直播间的热度。如果数量太少，就没有盈利的可能。通常在线50人以上才有机会实现直播带货。

7.平均逗留时间

平均停留时间是对内容吸引力的长期反应：平均停留时间越长，观众对直播间的兴趣就越大，这通常取决于选择产品的能力和主持人的留人能力。

8.转化率

配送转化率 = 订单数 / 总访客数，这是综合考虑因素，最重要的因素是主播的带货能力。

行业平均在 1% 左右，好的主播可以高达 3%。

模块六　拼多多直播

　　拼多多是社交电商模式的典型代表,吸引了众多商家入驻。随着直播的快速发展,拼多多于2020年1月19日正式上线"多多直播",让商家能够通过直播来销售商品,为店铺吸引更多流量。

任务一　拼多多直播平台认知

与淘宝网、京东商城相比，拼多多是后起之秀。发展至今，它已经成长为国内较大的电子商务平台之一，吸引了众多商家入驻，帮助他们成功拓宽了商品销售渠道。

一、拼多多平台的特点

拼多多开创了一种电商新模式，它致力于将娱乐社交的元素融入电商运营中，通过"社交＋电商"的模式，让更多用户带着乐趣分享购物实惠，体验全新的共享式购物模式。

1.拼多多平台模式的特点

拼多多的商业模式并不复杂，就是一种网上团购的模式，以团购价来购买某件商品。比如一件衣服正价 58 元，通过拼团只要 39 元就可以购买。用户可以将拼团的商品链接发给好友，如果拼团不成功，那么就会退货。以用户为流量中心的社交电商模式，是拼多多最大的特点。

这种"低价+社交"的购物模式为用户带来了全新的购物体验，在社交式购物的过程中，每一个用户都是一个传播媒介，只要商家的商品具有足够的吸引力，社交效应就会充分发挥作用，达到一传十、十传百的传播效果。

2.拼多多平台用户的特点

在拼多多的用户中，女性用户占比较大，她们擅长通过各种方式对商品进行对比，最终挑选出性价比较高的商品。从年龄上来看，集中在 25～40 岁。这类人群拥有较强的消费能力，比较偏爱网购。

二、拼多多直播电商的特点

拼多多对多多直播的定位是"提供给商家的一个运营私域流量的工具"，其主要作用在于帮助商家将私域流量进行更好的裂变。

1.多多直播的生态特征

多多直播的生态特征如表 6-1 所示。

表 6-1　多多直播的生态特征

项　　目	说　　明
平台类型	电子商务平台，供应链和运营体系较为完善

项　目	说　明
平台特性	①具有较强的社交属性，商品信息依靠用户之间的相互分享获得"病毒式"传播 ②直播更像一种营销工具和服务形式，其核心任务在于帮助商家运营自己的私域流量
流量来源	①拼多多 App 首页、直播广场、店铺主页、商品详情页等，更注重对商家私域流量的开发 ②微信群
主要供应链	拼多多自有供应链
直播商品属性	以低价白牌商品为主，家居生活类用品较多，其次为服饰、食品类商品，以及农产品
直播模式	以商家自播为主

2. 多多直播的流量入口

在拼多多上，对于正在直播中的店铺，直播流量入口主要有以下五个。

（1）拼多多 App 首页商品推荐列表或商品搜索结果列表中，商品名前将出现"直播中"标签。

（2）店铺主页的直播悬浮窗。

（3）直播间商品的商品详情页有直播的悬浮窗。

（4）在直播页面中，用户已关注店铺的直播会置顶在该页面。

（5）在"个人中心"|"店铺关注"页面中，直播中的店铺会显示"直播中"标签。

除以上几个比较明显的直播流量入口外，拼多多还在平台上的"多多果园""多多牧场"等游戏板块设置了"观看直播"的日常任务，用户完成观看直播的任务后可领取水滴。拼多多的这种设计不仅能为直播广场导入更多的流量，还能将喜欢玩游戏的用户转化为观看直播的用户，延长用户在拼多多的停留时长。

3. 多多直播的主要直播模式

在拼多多平台上，最常见的直播模式有商家自播、走播和助农直播。

（1）商家自播：商家自播是多多直播的主力。大多数商家自播的直播场地为商家的线下门店、线下档口、仓库等，直播场景比较简单，向用户展示真实的交易场景。在这些直播间中，主播就好像线下导购员，他们通常不会根据既有直播脚本依次上架和讲解商品，而是让用户在评论区提出要求主播讲解哪款商品，然后主播根据用户的需求从"小红盒"（即直播间的商品列表汇总，用户可以点击"小红盒"查看本场直播的商品清单）的商品链接中选取对应的商品进行讲解。

（2）走播：在地方特色市场、商品货源地等地方进行直播，让用户直接与线下货源对接。通过直播镜头带领用户探索位于交易链上游的商品原产地，以"没有中间商赚差价"和较低的零售价为卖点，帮助商家销售商品。

走播模式的直播以销售水果、蔬菜、生鲜等农产品为主。

（3）助农直播：拼多多扎根于三四线城市和乡镇，为推动当地农产品销售做出了巨大贡献。助农直播是拼多多平台的一大特色，拼多多平台与多个地区的县长、书记合作，将各种不起眼的农产品、土特产带入直播间售卖，由县长或书记亲自担任主播，以"直播＋团购"的方式销售农产品。

任务二　拼多多直播权限开通与人设打造

获得直播权限是商家在拼多多进行直播的首要条件，而商家要想让自己的直播在众多直播中脱颖而出，还需要打造具有差异化的主播人设，以凸显自身特色，加深用户对直播间的印象。

一、开通直播权限的条件

商家用多多直播进行直播需要满足以下条件：

（1）如果商家使用手机直播，需保证拼多多商家版客户端版本至少升级至 2.6.2。

（2）商家已缴纳店铺保证金，且符合阈值。

（3）商家在平台有正常的经营行为，且无任何平台违禁记录。

（4）商家直播的商品非平台禁止直播类目。

> **小提示**
>
> 　　同一个店铺不能同时开通两个直播间。店铺的管理员、运营、客服管理员、运营与客服管理员角色的子账号可操作直播，子账号支持"添加商品""发粉丝红包""禁言""操作想看讲解"等操作。

二、主播人设的打造

多多直播以商家自播模式为主，商家可以选择由店铺运营者、店铺客服人员来担任主播，或聘请专业的电商主播。在打造主播人设时，主播可以参考前文提到过的专家人设、达人人设、低价人设、励志人设的打造策略。

由于商家自播具有较强的品牌化特征,商家直播间的账号也具有较强的品牌化特征。一般来说,商家自播直播间的账号就是拼多多店铺的账号,因此,店铺的名称和头像也就是直播间的名称和头像。为了进一步突出直播间的主播人设及直播间特点,商家应该为店铺设置一个差异化、具有吸引力的店铺名称和店铺头像。商家在设置店铺名称时可以采取以下方法。

1.主营商品品类

根据店铺主营商品品类来命名。例如,一个销售礼品的店铺起名为"思思有礼——时尚精品店"。

2.消费群体的心理追求

根据店铺所针对的主要消费群体的心理追求来命名。例如,一个主营女装的店铺起名为"前卫女生"。"女生"是这个店铺的主要销售对象,"前卫"体现了店铺商品的特色,同时也是这类群体的心理追求。这样的店铺名称能够满足这类群体的需求,使她们对店铺产生好感,从而提高店铺的浏览率和成交率。

3.商品产属地

有些商品属于某地的特产,带有鲜明的地域特色,这时商家可以在店铺名称中明确标出商品的产地,从而使用户对商品的质量更加放心,如山西的陈醋、温州的鞋子、义乌的小商品、新疆的干果等。

4.品牌命名

商家可以直接以经营的品牌来命名,这样的店名让人感觉商品品牌正规,给人信赖感。例如,"七匹狼男装旗舰店""蓝月亮官方旗舰店"。

实训操作　创建多多直播

> 操作方法

❶ 打开拼多多商家版App,在下方点击"店铺"按钮,在"常用应用"区域点击"多多直播"按钮。

❷ 进入"多多直播"界面,点击右上方的"设置"按钮。

❸ 进入"设置"界面,绑定"多多进宝PID",以启用"带货赚钱"功能。

❹ 返回"多多直播"界面,点击"创建直播"按钮,打开"创建直播"界面,上传直播封面图,输入直播标题,然后点击"已选0个商品"选项。

⑤ 进入"添加商品"界面，选择"带货赚钱"选项卡，选择商品分类，选中要添加的商品，然后点击下方的"确认添加"按钮。

⑥ 进入"已选商品"界面，从中可以对已选商品进行添加、删除、移至最上等操作，选择完成后点击"确认"按钮。

⑦ 返回"创建直播"界面，点击"创建直播"按钮，进入"直播预览"界面，点击左下方的"设置"按钮。

⑧ 在弹出的界面中点击"敏感词"按钮。

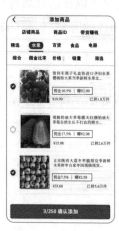

⑨ 在弹出的界面中添加直播间敏感词。

⑩ 继续在"设置"界面中点击"公告牌"按钮，在弹出的界面中选择公告牌样式。

⑪ 设置公告栏文字，然后点击"确认并使用公告牌"按钮。

⑫ 点击"开始直播"按钮，即可进入多多直播间。点击右上方的分享按钮，可以将直播间分享到第三方平台。

任务三　拼多多直播引流

如果直播间没有流量,无人观看直播,那么直播必然无法为商家带来良好的效益,因此,商家需要为直播间进行引流,让更多的用户进入直播间,从而为直播间聚集人气,扩大直播间的影响力。

一、直播封面图、标题的设置

优质的直播封面图和标题不仅是吸引用户进入直播间的关键因素之一,也是帮助直播间在直播广场获得更多曝光机会和流量的重要因素之一,因此,商家要重视直播封面图和标题的设置。

1.直播封面图的设置

在多多直播中,一幅优质的直播封面图应该符合以下几项标准:

(1)封面图中不掺杂文字,避免与标题重复。

(2)封面图画面清晰,主题鲜明。

(3)不使用表情包作为封面图。

(4)封面图中不含播放按钮。

(5)如果直播间中没有名人参与直播,则不能使用名人图片作为封面图。

(6)封面图中不能出现拼多多 Logo。

2.直播标题的设置

直播标题的字数不宜太多,最好不要超过 15 个字,标题要简单明了,突出当场直播的亮点。商家在设计直播标题时可以采用以下方法:

(1)构建商品使用场景,或戳中目标用户痛点,激发用户产生共鸣,如"收纳达人都在用的收纳箱""手把手教你打造冬日元气妆发""零基础也能学会的化妆技巧"等。

（2）突出直播间的福利，如"年货节直播间全场7折""全场批发价，一件也发"等。

（3）突出本场直播中商品的特色，如"新品上市，欢迎选购""直播专享新款商品"等。

（4）突出商品的产地，如"云南普洱，直播专享""赣南脐橙，线上选购"等。

二、发布直播预告

商家可以发布直播预告，实现全天任意时间段为直播引流。商家发布直播预告后，直播预告会出现在关注动态和店铺首页上。用户通过直播预告可以提前订阅直播，商家开播时系统会向订阅用户发送开播通知，从而将用户引到直播间。

1.直播预告视频的特征

商家发布的直播预告视频最好具备以下四个特征：

（1）符合视频基本内容规范，画面清晰，不是搬运的视频，不含违规内容。

（2）视频的时长为15~60秒。

（3）视频中有人物出镜，并说明直播中的重点商品和本场直播亮点。

（4）视频要重点强调直播的时间。

2.直播预告文案的写作

商家为直播预告设置吸睛文案，能有效提升直播预告对用户的吸引力。在写作直播预告文案时，商家可以采用以下技巧：

（1）突出福利或亮点。在直播预告文案中突出商品卖点、优惠的价格、赠品礼包等福利或亮点，例如：明晚8点，直播间全场商品6折销售！

（2）设置悬念。在预告文案中只展现直播中的部分福利或亮点，借助悬念勾起用户对直播的好奇心，例如：倒计时1天，如果不是×××怎么会让平时不化妆的人也舍不得离开？

（3）突出直播价值。在预告文案中瞄准用户的痛点，为用户提供解决办法，突出直播的价值，例如：明晚7点，彩妆微课堂，送给零基础化妆者的福利！

三、开启直播短信提醒

拼多多为商家提供了短信营销工具，商家可以使用此工具向用户发送直播提醒类短信，用户可点击短信中的链接直接跳转至直播间，既方便又快捷。与其他引流方式相比，短信引流的方式非常直接且成本较低，商家可以对潜在用户群体推送开播提醒，从而实现精准营销。

商家进入商家管理后台，在店铺营销板块选择短信营销后，即可开启直播短信提醒。商家开启直播短信提醒功能,设置触发条件,选择发送短信的目标人群和短信内容(短信内容有系统提供的模板可供商家挑选,商家无须自己编辑),保存设置后,系统就会根据商家设置的触发条件自动向选定的人群发送短信,提醒他们观看直播或进入直播间领取红包,从而实现向直播间引流。

在选择短信发送的目标人群时,商家可以选择系统推荐的人群,也可以根据自己店铺的情况自定义设置。

1.发送短信提前预告直播

在直播开始前的一两天,商家可以向目标人群发送短信,提前预告直播的时间和亮点,吸引用户准时观看直播。此时,商家在选择目标人群时可以选择"活动预热人群"(即近365天购买过店铺商品的人群),在设置短信内容时要重点突出直播的时间,并在短信中插入店铺主页的链接,吸引用户关注店铺主页,例如:时尚新款春装,明晚8:00直播试穿,还有惊喜好礼,不容错过!××××(店铺主页链接)。

2.开播后发送短信提醒用户观看

直播开始后,商家可以再次向用户发送短信,提醒用户直播已经开始,速去观看。在此时,商家在选择目标人群时可以选择"店铺关注人群""助力店铺关注""店铺历史成交客户"等人群,在设置短信内容时要重点突出直播的利益点或亮点,并插入直播间链接,便于用户直接点击链接进入直播间。如:可爱少女风连衣裙,主播正在直播间亲自试穿,更有无门槛优惠券限量送,速来围观!××××(直播间链接)。

四、投放"直播推广"

"直播推广"是拼多多为商家提供的一款直播间引流工具,商家开启"直播推广"后,系统会将商家的直播间投放到平台优质广告资源位上,让直播间获得千万级的流量曝光,实现直播间自主引流,从而提升直播间人气,为直播间带来更多订单和转化。

1."直播推广"的运作原理及扣费方式

"直播推广"会根据直播间类目属性、讲解的商品等信息,与用户人群的特征、历史行为数据等进行匹配,然后将直播间推荐给相应的用户。

"直播推广"按照单次点击扣费,即系统对感兴趣的用户展示商家的直播间,用户点击进入直播间时扣费,费用实时结算。

2."直播推广"的展示位置

"直播推广"主要会展示在拼多多的营销活动页的资源位上,例如,"多多果园"中"观看直播1分钟","签到"页面中"观看直播领猫粮"等资源位。

3."直播推广"的模式

商家可以通过 PC 端和移动端商家后台创建"直播推广"。PC 端的"直播推广"与移动端的"直播推广"是互通的。在 PC 端，商家可以对"直播推广"进行更精细的设置，如调整出价、添加自定义人群、查看历史数据等。移动端的"直播推广"更便于商家在直播的过程中随时随地创建。

在直播开始前，商家可以提前在 PC 端推广中心创建好"直播间推广"计划，设置好预算。在开播后 2 分钟检查推广计划是否正常投放，正常来说，开播后推广计划即开始投放。如果商家没有在直播开始前事先在 PC 端创建推广计划，可以在直播的过程中通过移动端直播间内的直播推广功能立刻新建推广计划，使用过程中直播流程不会被打断。

在移动端，"直播推广"分为"自动推广"和"极速推广"，两种模式具有不同的特点，能满足商家不同的推广诉求。"自动推广"和"极速推广"的对比如表 6-2 所示。

表 6-2　"自动推广"和"极速推广"的对比

推广模式	自动推广	极速推广
推广目的	追求直播间内的转化效果	追求快速增加直播间的观看量，快速引爆直播间热度
特点	商家只需要根据自己的预算设置每日推广金额上限，出价、投放人群和投放的资源位都由系统自动完成 一次设置长期生效，商家完成一次设置后，每次开播即可自动唤起"直播推广"	一个直播场次最多能创建 50 个推广订单，商家每次购买极速推广时都需要确认购买推广的金额和对应的预估曝光时长。商家开播后，系统会在商家期望的曝光时长内，快速引入直播观看用户 极速推广需要商家每次开播时单独购买
推荐适用的场景	适合需要长期为直播间引流，以及直播间日常卖货时使用	适合需要快速为直播间引入大量用户，以及直播间进行低价促销、快速甩货时使用
引流持续的时长	当直播结束或单日花费到达推广金额上限时，系统会停止曝光引流。因此，在直播时，商家如果希望引流时间变长，可以增加推广金额上限	当推广金额消耗完或推广时长到达商家设置的预期曝光时长时，系统会停止曝光引流。因此，在直播时，商家如果希望引流时间变长，可设置较长的预估曝光时长，或创建多个推广计划
推广金额上限	单日所有场次金额的上限，即当天开播的直播场次共享一个上限金额，第二天零点上限金额重新计算。当日到达限额后推广下线，直播间停止付费曝光，商家追加限额可再次上线推广	本次购买订单的花费金额。系统会在预估曝光时长内根据商家设置的推广金额引导相应数量的用户进入直播间。单次购买金额花完后，商家可再次创建订单追加投放，如果当次购买金额未花费完系统会返还剩余金额

"自动推广"和"极速推广"两者不冲突,商家可以选择同时使用。商家设置好"自动推广"后,一旦开播,系统会在保证效果的情况下将商家的直播间不间断地推荐给相关用户;如果商家需要快速获取用户引爆直播氛围,可以叠加购买"极速推广",系统会根据商家设置的购买金额完成一次引流。

商家每一次创建推广计划都需要系统审核,审核结果会在商家创建完成推广计划后进行实时反馈。

"自动推广"模式的审核情况需要商家前往 PC 端商家管理后台"推广中心"|"直播推广"中进行查看;对于"极速推广"模式的审核情况,商家可以在直播间"直播推广"|"推广记录"中查看。当推广审核不通过时,"直播推广"无法生效,商家可以查看审核不通过的原因,并对直播标题、直播封面图、直播间正在讲解中的商品图片进行修改,修改后再次提交审核,审核通过"直播推广"即可生效。

直播结束后,商家要前往 PC 端商家管理后台查看当场推广效果的数据,总结推广经验,例如,了解推广流量变化后调整分时折扣,分析账户花费情况,调整推广出价等,为下一次直播做准备。

五、多渠道分享直播间

在开播后,商家可以通过多种渠道分享直播间。例如,商家可以将直播链接分享到朋友圈、微信群、QQ 群、微博、抖音、快手等社交平台上,将各个渠道的流量打通,并相互引流,从而为直播间吸引更多用户。

实训操作　发布直播预告

操作方法

❶ 在多多直播界面点击"创建视频"按钮,在弹出的界面中选择"直播预告视频"选项。

❷ 打开"创建预告"界面,上传预告视频,设置直播介绍、直播时间,添加直播商品,然后选择"订阅红包"选项。

❸ 在弹出的界面中输入红包金额,然后点击"确认充值"按钮。

❹ 创建的预告短视频会出现在关注动态、店铺首页等场景中,用户在直播端可以看到商家发布的视频动态,点击视频。

❺ 在打开的界面中可以看到商家发布的直播预告视频,点击"订阅领现金"按钮,即可订阅直播,并领取订阅红包。订阅完成后,系统就会给订阅用户发送开播通知,快速将用户引至直播间观看直播。

任务四　拼多多直播商品的上架与讲解

在直播间中,商家要想将商品销售出去,需要将商品上架至直播间,并对商品进行全方位的讲解,通过有技巧的语言刺激用户购买。

一、直播商品上架策略

为了提高直播商品的转化率,商家在上架直播商品时可以采取以下策略:

1.好货放在好位置

在商品数量较多的情况下,"小红盒"中展示的商品链接就会比较长,而并非每个用户都有耐心将直播间购物袋中的商品链接一个个地浏览完。商家要尽量将性价比高的商品，或觉得能打造成为"爆款"的商品放在购物袋中比较靠上的位置。这样有利于让用户一眼就看到，让商品迅速获得用户的关注，进而提高商品的点击率和转化率。

2.商品上架模式有层次

在商品的上架模式上，商家可以采用"2:1:2夹心饼干式""关联式"两种模式。所谓"2:1:2夹心饼干式"模式，就是指商家上架两款价格比较低（高）的商品，再上架一款价格相对较高（低）的商品，然后上架两款价格比较低（高）的商品，这样不会让用户觉得直播间内的商品都是低价商品或高价商品，从而为用户提供更多可选择的余地。

"关联式"模式是指商家将能够关联销售的商品放在一起，先后上架。例如，商家先上架了一款短裤，然后又上架一款衬衣，接着上架一款鞋子，这样做的目的是让用户了解服装搭配，促使其成批购买商品。

3.标记利益点

商家可以在商品链接中标注商品的利益点，如优惠券、限时"秒杀"等，明确地向用户展示商品的优惠信息，刺激用户的购买欲望。

二、直播商品的讲解技巧

主播在讲解商品时，需要遵循两个原则：一是要对商品进行全方位展示。以服装类商品为例，主播要展示服装的面料、设计风格、设计细节、上身效果等。二是要描述准确。主播对商品的产地、尺寸、面料、规格、颜色、味道等属性的介绍要准确，不能欺瞒用户。

以讲解服装类商品为例，为了增加商品讲解的吸引力，主播可以采用以下方法：

1.亲自上身试穿

主播最好亲自试穿服装，向用户展示服装的试穿效果，且前后左右都要向用户展示清楚。主播展示试穿效果时要注意走位，用远景向用户展示服装的整体效果，用近景向用户展示服装的设计细节和亮点等。

2.介绍服装的风格

服装的风格有很多种，如韩风、欧美风、学院风、森女系、小香风、名媛风、淑女风等，主播在介绍商品时，要向用户说清楚所讲解的服装属于哪种风格。

3.介绍服装的尺码与版型

主播要向用户介绍服装的尺码，如上衣需要介绍腰围、胸围，裤子需要介绍腰围、臀围和裤长。此外，主播还要介绍服装的板型，例如，宽松型服装包容性强，会显得人比较瘦；修身型服装凸显身材，显得人比较精神；长板服装能够遮住臀部和大腿等。

4.介绍服装的颜色

主播要介绍服装的整体颜色，说清楚这种颜色能够给人带来什么样的感觉或具有哪些优势。例如，白色显得典雅，紫色显得高贵，粉色显得可爱，黑色显得酷感十足等。

5.介绍服装的面料

服装的面料有纯棉、聚酯纤维、皮革、羊羔绒等类型，主播要先说明服装的面料类型，然后介绍该面料的优点。例如，纯棉面料透气，吸汗性强；聚酯纤维面料造型挺括，不易变形；皮革面料防风，而且显得高档；羊羔绒面料保暖效果好，悬垂性好。主播在介绍面料时，要用近景镜头向用户展示面料的纹理和柔软度等。

6.介绍服装的设计亮点

主播要介绍服装在图案、工艺等方面的设计亮点，突出服装的时尚感。例如，介绍服装制作工艺的精致度和稀缺性；展示服装领口、袖口、下摆等位置的设计细节，如袖口带有印花，印花是纯手工刺绣等。

7.介绍服装的穿着场景或搭配

展示服装的穿着场景或搭配是服装商品介绍中非常重要的一个环节，"一衣多穿"是体现服装性价比高的关键点。主播在介绍服装搭配时，不能只是单纯地说它可以与其他某种款式的衣服搭配，最好将整套的服装搭配展现在镜头面前，甚至可以展示与整套服装相搭配的鞋子、眼镜、帽子等其他配饰。

如果条件允许，主播可以针对直播间内的某款主推服装推出两套甚至更多不同风格的搭配方式，以满足用户休闲、上班、约会等不同场景的需求。

任务五　拼多多直播气氛维护

商家在直播前应该通过各个渠道对直播进行宣传，为直播预热，鼓励用户分享直播间，从而获得更多的用户。在直播过程中，商家可以根据商品的特点和直播间的人气情况，运用红包、优惠券、拼单返现等工具活跃直播氛围，激发用户下单的欲望。

一、运用红包提高直播间人气

拼多多具有较强的社交属性，多多直播也与社交裂变相绑定。在直播间，商家可以借助发放现金红包来吸引流量。商家在后台设置红包金额、红包个数和发放红包的时长,直播间的右上角就会出现红包图标,用户关注直播间后就可以获得抢红包的资格,关注直播间的用户点击红包后,页面会提示"邀请好友助力,立即拆现金红包",用户邀请更多好友后就能增加抢红包的成功率。这样,商家可以通过发放红包借助用户的社交行为为自己的直播间带来更多流量,同时用户在等待拆红包期间,也会延长在直播间停留的时长,并可能被直播间的某款商品吸引,从而产生下单行为。

商家要想将红包的效用发挥到最大,可以采取以下技巧:

1.按照时间段发放红包

不同的时间段观看直播的人群有所不同,商家在不同的时间段发放红包会产生不同的效果。

7:00—10:00:在此时间段观看直播的用户多以中老年人为主,商家为直播设置凸显福利信息的标题,再搭配发放小额红包。例如,每个红包的金额可以设置为1~5元不等,持续发放10~20分钟,这样更容易吸引这些用户进入直播间。

13:00—15:00:在这个时间段观看直播的用户没有明显的特征,通常是放松、闲逛的目的,此时商家可以在直播间设置抽奖活动,同时配合不定时发放小额红包(每个红包的金额可设置为1~5元不等),延长用户在直播间停留的时间。

19:00—21:00:在这个时间段观看直播的用户人数较多,商家直播间中的用户大多是老客户,商家可以根据直播商品的单价,适当提高每个红包的金额,延长发放红包的间隔时长,以稳定直播间的客流量,并刺激用户下单,提高商品转化率。

2.按照直播节奏点发放红包

商家可以在一场直播的不同节奏点发放红包。

(1)预热型红包。直播刚开始时,直播间来的人数较少,商家可以通过发放多个小额红包进行引流。例如,商家可以在直播开始的前5~10分钟先发放3~5次的红包,每次发放15~20个,每个红包的金额可设置为1~5元不等。这样商家可以利用红包吸引更多用户进入直播间,为直播间积累基础人气。

(2)增加人气红包。当直播进行了一段时间,直播间积累了一定的人气后,商家适量增加发放红包的数量,吸引用户持续停留在直播间。例如,商家可以持续发放5~8分钟的小额红包(每个红包的金额可以设置为1~5元不等),发放红包的数量为30~50个。

(3)蓄力爆发红包。当商家觉得直播间内的人气已经达到自己的预期时,可以尝试发放大额红包,并增加红包的数量,同时结合其他引流工具,最大限度地提高直播间的曝光量, 吸引新用户。例如, 商家可以将每个红包的金额设置为 20～50 元不等, 持续发放 5～8 分钟, 发放红包的数量为 50～100 个。

3.根据直播间人数发放红包

商家可以根据直播间内当前在线人数设置每个红包的金额、发放红包的时长和发放红包的数量。表 6-3 所示为一个商家根据直播间人数发放红包的方案示例。

表 6-3　根据直播间人数发放红包的方案示例

直播间当前在线人数	每个红包的金额	发放红包时长	红包数量
0～500 人	1～5 元	3～5 分钟	30～50 个
500～1000 人	10～20 元	8～10 分钟	20～50 个
1000～1500 人	15～30 元	6～8 分钟	30～60 个
1500～3000 人	30～50 元	3～5 分钟	50～100 个

以上表中发放红包方案为例, 当直播间内的当前在线人数没有较大波动时, 商家可以采用上表所示方案, 按照当前在线人数发放与之相应的红包。

当直播间内的当前在线人数大量减少时, 商家可以适当增加红包的金额和数量。例如, 主播在讲解某款商品时, 3 分钟内直播间的当前在线人数由 650 人减少到 480 人, 此时商家可以按照 500～1000 人在线人数的红包发放方案补发红包, 吸引当前在线用户继续停留在直播间, 并让他们分享直播间, 为直播间带来更多新用户。

二、设置优惠券刺激用户下单

对于商家来说, 优惠券是直播时不可或缺的一个营销利器, 商家不仅可以在直播预告中告诉用户在直播间可以领取优惠券, 从而吸引用户进入直播间, 还可以在直播过程中多次发放优惠券, 延长用户在直播间停留的时长。此外, 借助优惠券能够有效地刺激用户在直播间中下单, 提高商品的转化率。

多多直播有"直播专享券"和"直播粉丝券"两种优惠券, 两者的区别如表 6-4 所示。

表 6-4　"直播专享券"和"直播粉丝券"的区别

优惠券	直播专享券	直播粉丝券
优惠维度	只针对单个商品优惠	只针对单个商品优惠
授权要求	可授权给子账号的直播间, 最多授权 10 个直播间	只能授权给一个直播间

优惠券	直播专享券	直播粉丝券
优惠券面额	没有要求	不低于 5 折，不高于 500 元
发放方式	商家提前设置好，在直播时系统自动发放优惠券，用户领取	商家提前设置好，直播时需要商家主动在直播间中发放
用户领取优惠券的方式	用户只能在直播间内领取。用户通过直播间进入商品详情页，然后领取优惠券	用户只能在直播间内领取。用户在直播间内领取优惠券后进入商品详情页下单
用户领取优惠券的条件	无条件	用户需要关注并且分享直播间后才可以领取
优惠券的有效期	商家可以自主设置	商家可以自主设置
适用场景	适合推某个单品，能让用户看到该单品的优惠力度，刺激用户购买，从而提高单品的销量	提高直播间的关注量，提升店铺及直播间的人气，延长用户在直播间的停留时长

在日常直播中，商家可以为季节性商品、中高利润的商品、店铺新品设置"直播专享券"，以提高商品的销量。在特定主题的直播或大促活动直播中，商家可以为直播中的主推商品、次推商品设置"直播专享券"，提高这些商品的销量，这样不仅有利于打造直播"爆款"商品，还能借助单款商品的销售额提高整场直播的总销售额。

三、合理运用"拼单返现"功能

"拼单返现"是指在一个自然日内，用户在商家店铺的累计消费满一定的金额，就可以获得一张平台优惠券，用户可以使用此优惠券购买平台内的任何一件商品（特殊商品除外）。商家在直播中使用"拼单返现"能刺激用户下单，提升用户下单的概率。此外，"拼单返现"能够降低用户二次下单的门槛，延长用户在直播间停留的时长，从而提高直播间的人气。

1.口播提醒用户

主播在介绍商品的过程中要多次口播，提醒用户在直播间消费满一定的金额就可以获得返现。在口播的时候，主播需要注意强调两个要点：一是说明"拼单返现"的条件，告知用户无须一次性购买多单，即便是一次购买一单，只要当天消费的金额达到"满返"的门槛就可以获得返现；二是说明现金券的使用方法，用富有激情的声音告知用户返回的现金券全平台通用，且无门槛，有效期为 50 年，刺激用户多下单。

主播口播示例：大家注意啦！咱们店铺设置了"拼单返现"优惠，消费满 50 元返

6 元,只要您在咱们店铺消费金额达到 50 元,就可获得一张 6 元无门槛优惠券,而且是全平台通用的无门槛优惠券哦! 就刚刚咱们介绍的半身裙和衬衣,加起来刚好 50 元,您购买后就可以获得返现优惠券,相当于折上折,真的是非常划算!

2.为用户推荐适合拼单的商品

商家在选择直播的商品时,要选择适合拼单的商品,这样有利于提升用户拼单的概率。例如,需要用户搭配购买的商品,如手机壳搭配手机钢化膜、干花搭配花瓶、T 恤搭配长裤等,或其他需要用户下多单购买的商品,如同一款口红的不同色号,就需要用户下不同的单来购买。这些需要用户搭配购买、下多单的商品都比较适合使用"拼单返现"。

此外,主播在介绍商品的过程中要有意识地向用户介绍哪几款商品适合拼单购买,帮助用户节约思考的时间,降低他们的选择成本。

3.设置合理的返现门槛

返现门槛包括两个部分:一是"满返"门槛的金额,二是返现比例。

"满返"门槛就是指用户在直播间内消费满多少金额才可获得返现,商家设置合适的"满返"门槛有利于提升直播效果。商家在设置"满返"门槛时要考虑直播间内商品的组合价格,可以查看近期店铺内关联销售的热门商品,将关联销售的热门商品的组合价格作为"满返"门槛。例如,某店铺内关联销售的热门商品是衬衣和半身裙,这两款商品的组合价格为 200 元,那么商家就可以将"满返"门槛设置为 200 元。

返现比例影响着返现金额,返现比例 = 返现金额 ÷ "满返"门槛,商家设置合适的返现比例有利于提高用户拼单购买的欲望。平台规定,商家设置的返现比例不能低于 5%,假如商家设置的"满返"门槛是 20 元,返现金额不低于 5%,即商家设置的返现金额不能低于 1 元,也就是消费满 20 元返现 1 元。目前,平台返现比例的均值在 8% 左右,预算较多的商家通常将返现比例设置为 10% ~ 15%。商家要根据自己的经营情况制定返现比例,也可以使用系统推荐的返现比例。

任务六　拼多多直播后期管理

直播下播并不是一场直播的真正结束,商家下播后还需要做好商品发货、售后管理和直播数据分析等工作。

一、直播商品物流、售后管理

用户在直播间下单后,商家需要及时为用户发货,做好商品的物流、售后管理,为用户营造良好的购物体验。

1.选择优质的物流

为了提升用户的购物体验，商家要综合考虑自身商品的特性，以及物流公司的快递价格、运输时效、配送区域、包裹安全、发展前景、市场评价等多个因素，选择性价比较高的物流公司。

2.在规定时限内发货

直播结束后，商家要在平台规定的期限内发货，以免因延迟发货而造成违规。一般普通商品的发货时限为 48 小时，直供商品的发货时限为 96 小时，直邮商品的发货时限为 120 小时。

3.做好物流跟进

完成商品发货后，商家要主动跟进订单的物流信息，一旦订单出现滞留、丢失等情况，商家要及时联系物流公司，询问订单出现物流问题的原因。同时，商家要主动联系用户，安抚用户的情绪，并和用户约定处理时间和方案。

4.及时回复用户疑问

用户在直播间内购买了商品后，可能会向商家提出一些问题，针对用户提出的问题，商家要及时回复，并为用户提出合理的解决方案。

5.做好订单备注

在处理问题订单的过程中，商家最好为订单做好备注，详细写明订单存在的问题、问题已经处理到何种程度等信息，这样能帮助客服详细了解订单存在的问题，让客服无须再花费时间看聊天记录，或询问用户。

二、直播数据分析

商家可以在多多直播中查看直播的历史数据。商家通过分析每场直播的累计观看人数、新增关注人数、人均观看时长、评论量等数据，可以了解主播的互动能力、口才等直播专业能力，以及直播商品、直播内容对用户的吸引力等，评价主播和直播内容是否能将用户留在直播间。

关注直播间转化率、直播间用户支付订单、直播间用户支付金额等，评估直播商品的转化效果和直播客单价。

参 考 文 献

[1] 余以胜,林喜德,邓顺国.直播电商[M].北京:人民邮电出版社,2021.

[2] 张广存,黄晓辉.电商直播:开启创客新时代[M].北京:中国商业出版社,2021.

[3] 连云驰.决胜直播电商[M].北京:北京联合出版公司,2021.

[4] 钱政娟,胡军,等.电商直播:视频新玩法就这么简单[M].北京:机械工业出版社,2021.

[5] 王威.短视频策划、拍摄、制作与运营[M].北京:化学工业出版社,2020.

[6] 人力资源社会保障部教材办公室.电商直播[M].北京:中国劳动社会保障出版社,2020.

[7] 秋叶,郑昊,米鹿.短视频策划、制作与运营[M].北京:人民邮电出版社,2020.

[8] 张爱凤.直播技巧:实力圈粉就这么简单[M].北京:机械工业出版社,2019.

[9] 魏艳.零基础学短视频直播营销与运营[M].北京:化学工业出版社,2019.